AF262299

# NOUVELLE
# GÉOGRAPHIE MÉTHODIQUE

### DE MM. MEISSAS ET MICHELOT.

## Atlas universel avec les cinq Cartes muettes,

DRESSÉ PAR M. CHARLE.

**SEIZE CARTES. — PRIX : 18 FRANCS.**

| | |
|---|---|
| Mappemonde. | Afrique muette. |
| Europe écrite. | Amérique écrite. |
| *Id.* muette. | *Id.* muette. |
| Europe centrale écrite. | Iles-Britanniqu |
| *Id.* muette. | France. |
| Asie écrite. | Allemagne. |
| *Id.* muette. | Portugal et Espagne. |
| Afrique écrite. | Italie et Turquie. |

## (D.)

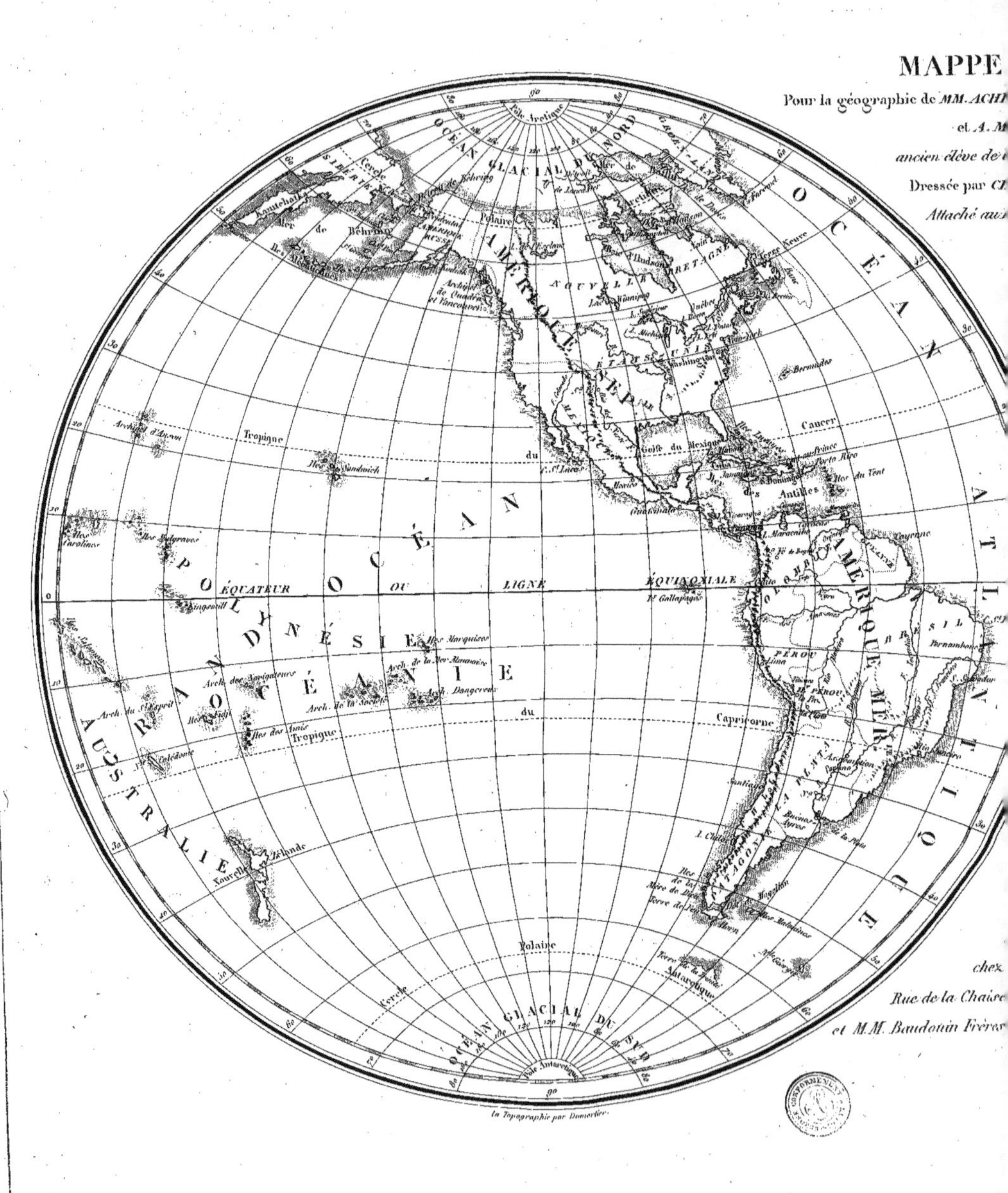

MAPPE
Pour la géographie de MM. ACH...
et A. M...
ancien élève de...
Dressée par CL...
Attaché aux...
chez
Rue de la Chaise
et M.M. Baudouin Frères
OCÉAN GLACIAL DU NORD
OCÉAN ATLANTIQUE
GRAND OCÉAN OU OCÉAN AUSTRALIE
POLYNÉSIE OCÉANIE
AMÉRIQUE ESP.
AMÉRIQUE MÉR.
BRÉSIL
PÉROU
COLOMBIE
PATAGONIE
NOUVELLE BRETAGNE
Cercle Arctique
Cercle Polaire
Tropique du Cancer
ÉQUATEUR OU LIGNE ÉQUINOXIALE
Tropique du Capricorne
Cercle Polaire
OCÉAN GLACIAL DU SUD
Pôle Arctique
Pôle Antarctique
Mer de Behring
Détroit de Behring
Golfe du Mexique
des Antilles
Archipel d'Aquin
Iles Sandwich
Iles Carolines
Iles Marquises
Arch. des Navigateurs
Arch. de la Société
Arch. Dangereux
Nouvelle Zélande
Archipel d'Anson
Buenos-Ayres
Magellan
Cap Horn
Terre de Feu
Terre Victoria Antarctique
La Topographie par Dumortier.

MONDE
MEISSAS, élève de l'abbé Gaultier.
ELOT,
le Polytechnique.
E, Géographe.
t de la guerre.
s,
eurs,
Rue Férou, N.º 24;
rue de Vaugirard N.º 17.

N.º 2.    EUROPE,
Pour la géographie de MM. ACHILLE MEISSAS, élève de l'abbé Gaultier
et A. MICHELOT,
ancien élève de l'École Polytechnique;
Dressée par CHARLE, Géographe,
Attaché au Dépôt général de la guerre;
1827.

OCÉAN GLACIAL
OCÉAN ATLANTIQUE
ÎLES BRITANNIQUES
ISLANDE
Cercle Polaire
I. de Jean Mayen
I. Féroé
I. Schetland
I. Orcades
I. Hébrides
MER DU NORD
NORVÈGE
CHRISTIANIA
CHRISTIANSAND
Christiania
GOTHLAND
MER BALTIQUE
COPENHAGUE
ALLEMAGNE
BERLIN
Hambourg
Hanovre
Lauenbourg
Dresde
Prague
AUTRICHE
VIENNE
Brünn
IRLANDE
ÉCOSSE
Édimbourg
Glascow
Dublin
ANGLETERRE
LONDRES
LA MANCHE
Canal St. George
Cap Land's End
BRUXELLES
LA HAYE
PARIS
FRANCE
Brest
Golfe de Gascogne
Cap Finisterre
ESPAGNE
Oviédo
Léon
Bragance
Coïmbre
Burgos
Saragosse
MADRID
PORTUGAL
Lisbonne
Badajos
Séville
Grenade
Gibraltar
Dét. de Gibraltar
Cap St. Vincent
Valence
Barcelone
Golfe de Lion
I. Baléares
I. Minorque
I. Majorque
I. Ivice
Turin
Milan
Gênes
Venise
CORSE
Ajaccio
Dét. de Bonifacio
SARDAIGNE
Cagliari
Rome
Naples
Palerme
SICILE
MER MÉDITERRANÉE
MER ADRIATIQUE
Tunis
I. de Malte
AFRIQUE

OUEST

Capitales de Contrées
Chefs-lieux de Subdivisions
Villes principales
Limites de Contrées
Limites de Subdivisions

À Paris, chez les Auteurs, Rue de la Chaise, N.º 34 et Rue Férou, N.º 24, et chez les principaux Marchands.

RD
Spitzberg
OCÉAN DU NORD
MER BLANCHE
NOUVELLE ZEMBLE
GOLFE DE KARA
GOLFE DE L'OBI
LAPONIE
SAMOYÈDES
Cercle Arctique
BOTHNIE
FINLANDE
GOLFE DE FINLANDE
Archangel
Kola
Pétersbourg
St PÉTERSBOURG
Helsingfors
Viborg
Revel
Novgorod
ESTONIE
LIVONIE
COURLANDE
Riga
Mitau
Memel
Tilsit
Kœnigsberg
Vilna
Grodno
Minsk
Mohilev
Smolensk
Tchernigov
Kiev
Jitomir
Lemberg
Kamenetz
VOLHINIE
PODOLIE
BESSARABIE
NIKOLAÏEF
Kherson
CRIMÉE
Simféropol
GALICIE
TRANSILVANIE
Hermanstadt
VALACHIE
Bukarest
BULGARIE
Sophie
Mts Balkan
ROMÉLIE
Andrinople
CONSTANTINOPLE
Brousse
Angora
MER NOIRE
Trébizonde
Antioche
MÉDITERRANÉE
Moscou
Tver
Yaroslav
Vladimir
Kostroma
Vologda
Riazan
Kalouga
Toula
Orel
Koursk
Kharkov
Poltava
Ekaterinoslav
Taganrog
COSAQUES DU DON
COSAQUES DE LA MER NOIRE
CIRCASSIE
CAUCASE
Mt Caucase
Vladikaukase
GÉORGIE
Tiflis
DAGHESTAN
CHIRVAN
Schamaki
Kisliar
MER CASPIENNE
Astrakan
Bouches du Volga
Saratov
Tambov
Penza
Voronej
Nijnei-Novgorod
Simbirsk
Kasan
Viatka
Perm
Orenbourg
Oufa
OURAL
RUSSIE
EUROPE
ASIE
Echelles, ($\frac{1}{12,500000}$)
10 5 0 10 20 30 40 50 Myriamètres.
60 50 30 20 10 0 25 50 75 100 lieues de 25 au degré.
25 20 15 10 5 0 25 50 75 100 l. de 20 au degré.
60 40 30 20 10 0 60 l. de 15 au degré.
la Topographie par Dumortier, la Lettre par Arnoul.

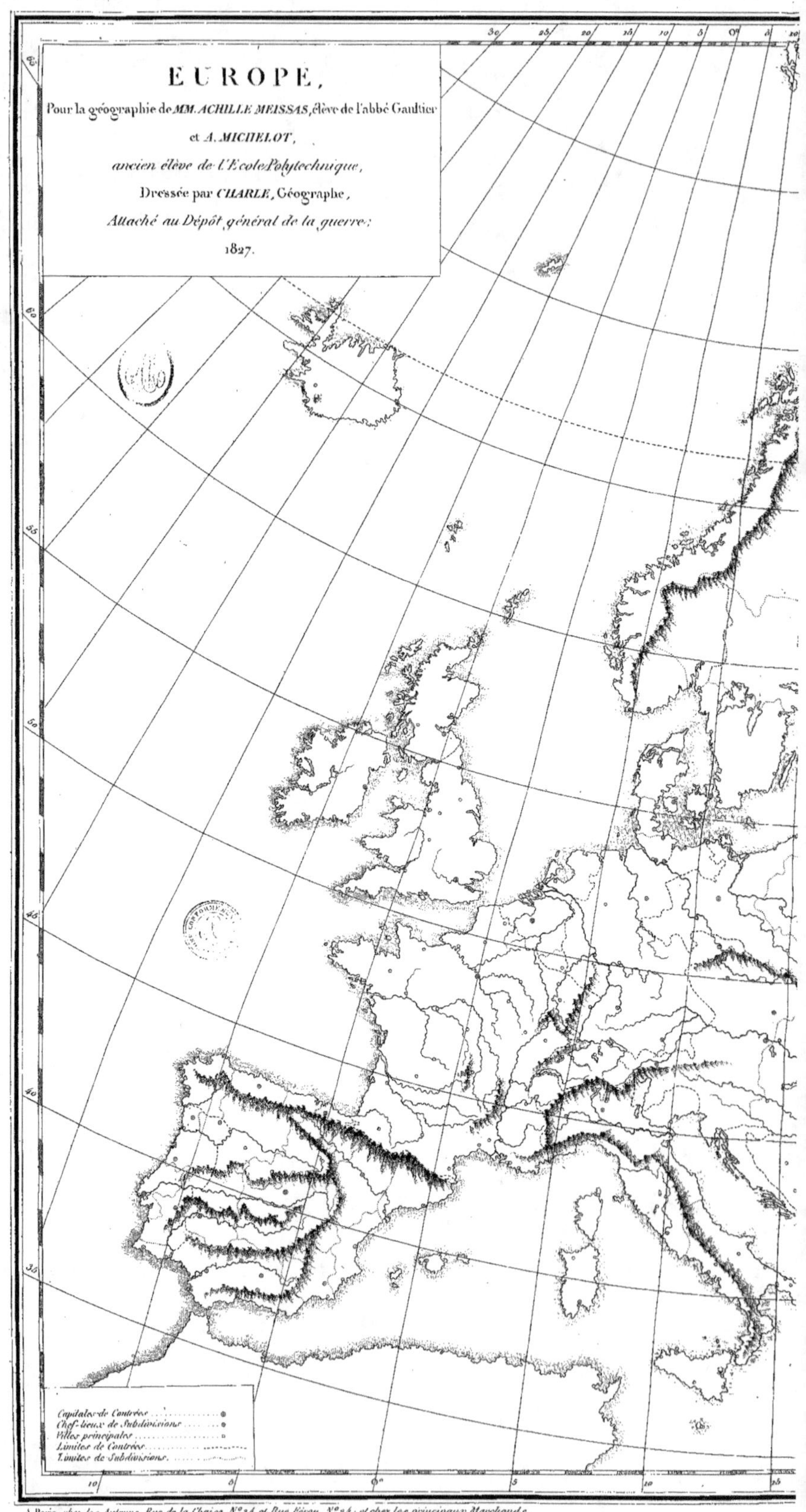
EUROPE,
Pour la géographie de MM. ACHILLE MEISSAS, élève de l'abbé Gaultier
et A. MICHELOT,
ancien élève de l'École Polytechnique,
Dressée par CHARLE, Géographe,
Attaché au Dépôt général de la guerre;
1827.
Capitales de Contrées
Chef-lieux de Subdivisions
Villes principales
Limites de Contrées
Limites de Subdivisions
A Paris, chez les Auteurs, Rue de la Chaise, N.º 24 et Rue Féron, N.º 24; et chez les principaux Marchands.

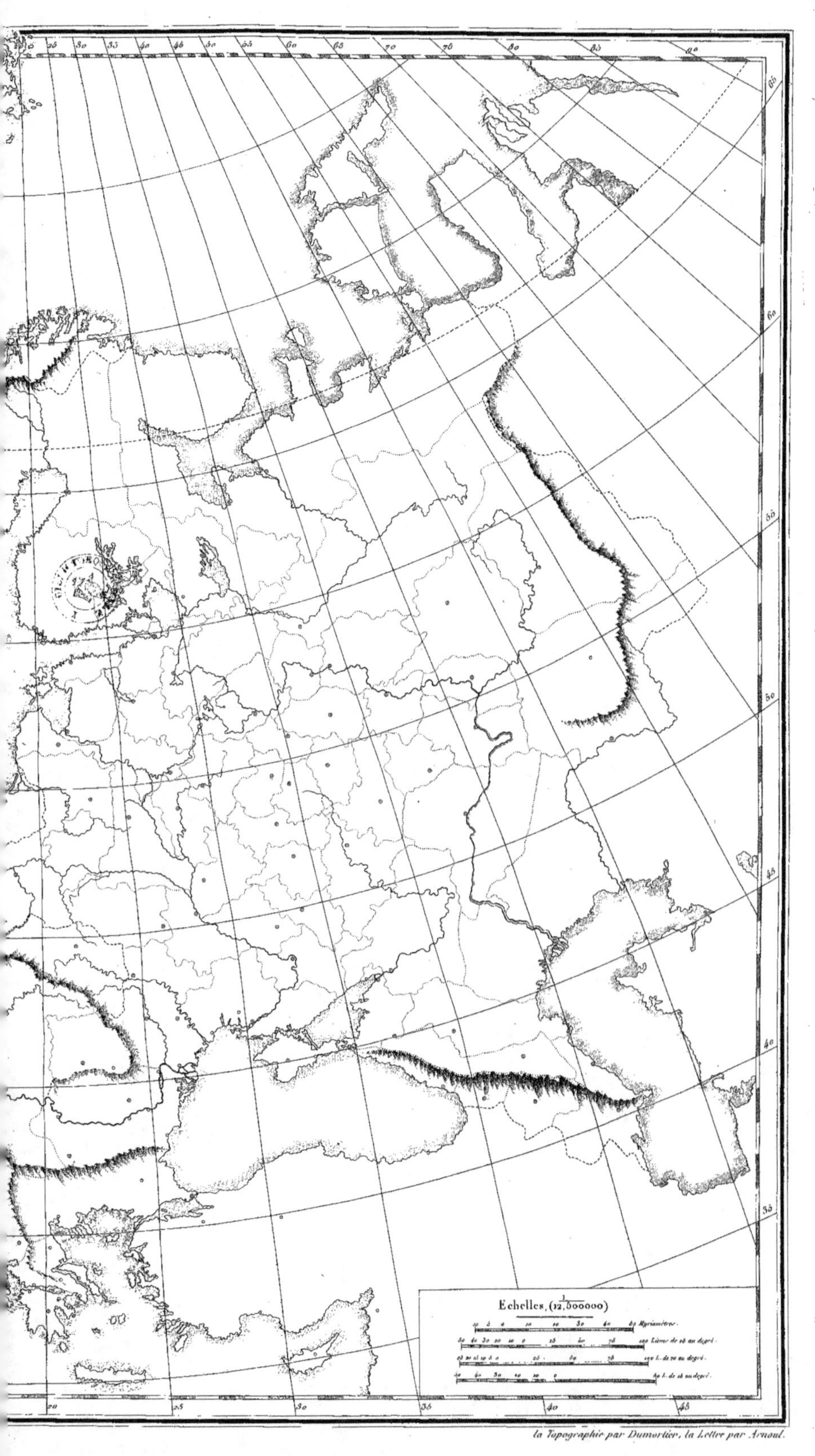

Echelles, (1/12,500000)
de Myriamètres.
Lieues de 25 au degré.
L. de 20 au degré.
L. de 20 au degré.
la Topographie par Dumortier, la Lettre par Arnoul.

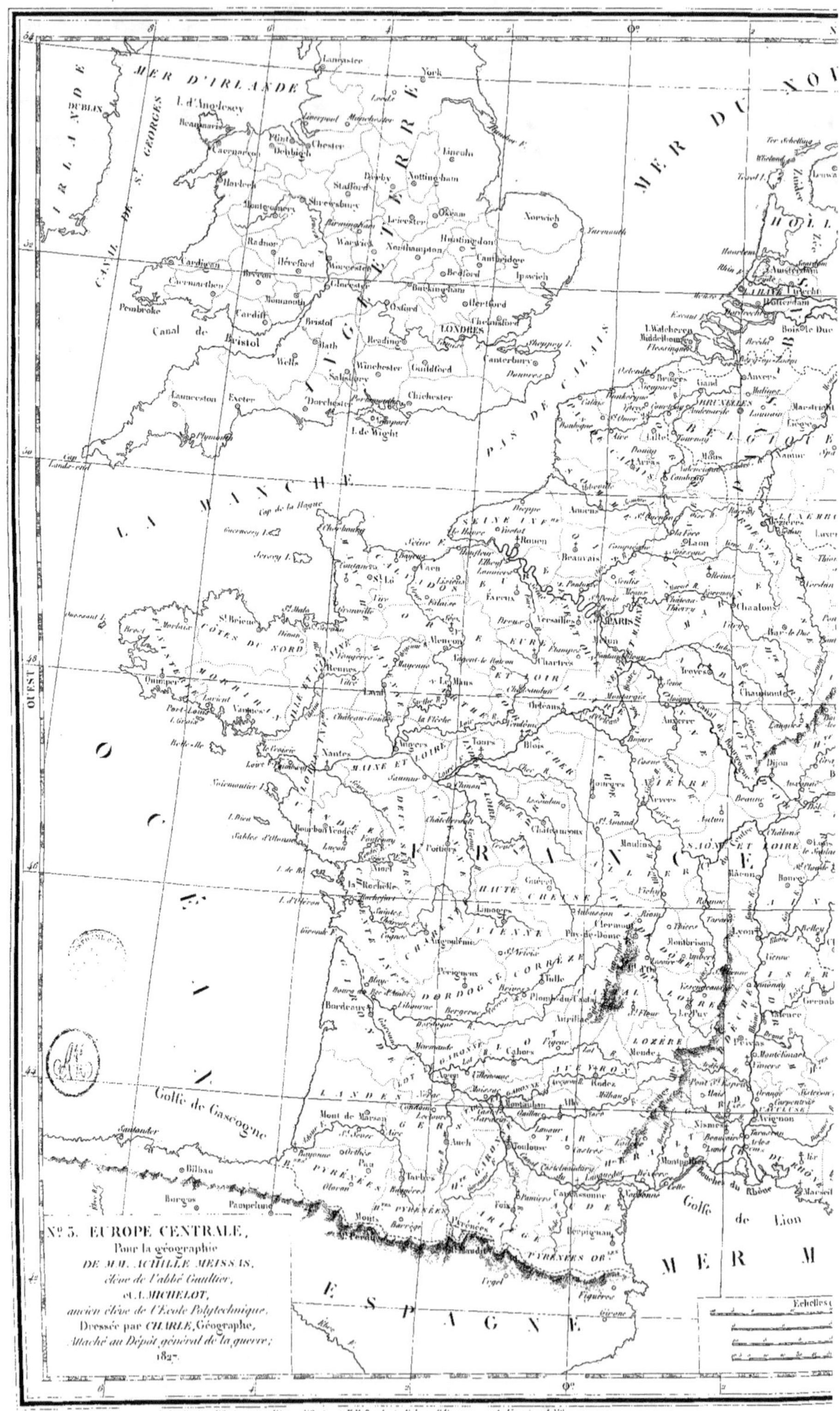

MER D'IRLANDE
IRLANDE
DUBLIN
I. d'Anglesey
MER DU NORD
HOLLANDE
CANAL DE St GEORGES
ANGLETERRE
LONDRES
MANCHE
LA MANCHE
PAS DE CALAIS
BELGIQUE
BRUXELLES
OCÉAN
OUEST
Golfe de Gascogne
FRANCE
PARIS
ESPAGNE
MER MÉDITERRANÉE
Golfe de Lion
N° 5. EUROPE CENTRALE,
Pour la géographie
DE MM. ACHILLE MEISSAS,
élève de l'abbé Gaultier,
et A. MICHELOT,
ancien élève de l'École Polytechnique,
Dressée par CHARLE, Géographe,
Attaché au Dépôt général de la guerre;
1827.
Echelles

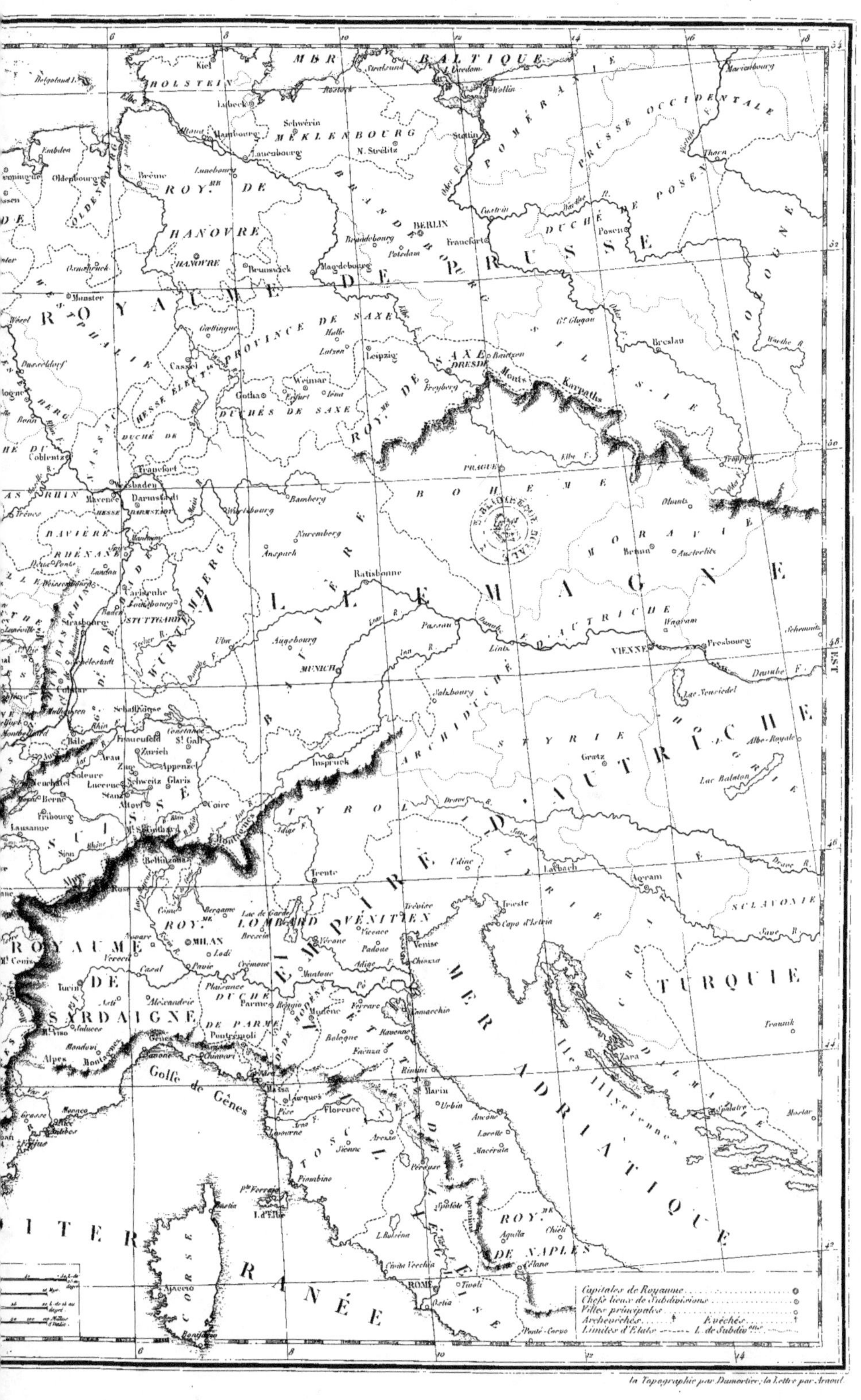

BALTIQUE
HOLSTEIN
MEKLENBOURG
BRANDEBOURG
POMÉRANIE
PRUSSE OCCIDENTALE
DUCHÉ DE POSEN
POLOGNE
SILÉSIE
ROYAUME DE HANOVRE
HANOVRE
ROYAUME DE WESTPHALIE
PROVINCE DE SAXE
DUCHÉS DE SAXE
ROY. DE SAXE
DRESDE
BERLIN
BOHEME
ROYAUME DE BOHEME
MORAVIE
ALLEMAGNE
BAVIÈRE
WIRTEMBERG
STUTTGARD
MUNICH
D. AUTRICHE
VIENNE
ARCHIDUCHÉ D'AUTRICHE
STYRIE
SUISSE
TYROL
EMPIRE D'AUTRICHE
ILLYRIE
SCLAVONIE
TURQUIE
ROYAUME DE SARDAIGNE
ROY. LOMBARD VÉNITIEN
MILAN
DUCHÉ DE PARME
MODÈNE
TOSCANE
ETATS DE L'ÉGLISE
ROME
ROY. DE NAPLES
MER ADRIATIQUE
MÉDITERRANÉE
CORSE
Golfe de Gênes

Capitales de Royaume
Chefs lieux de Subdivisions
Villes principales
Archevêchés        Evêchés
Limites d'Etats        L. de Subdivisions

la Topographie par Dumortier, la Lettre par Arnoul

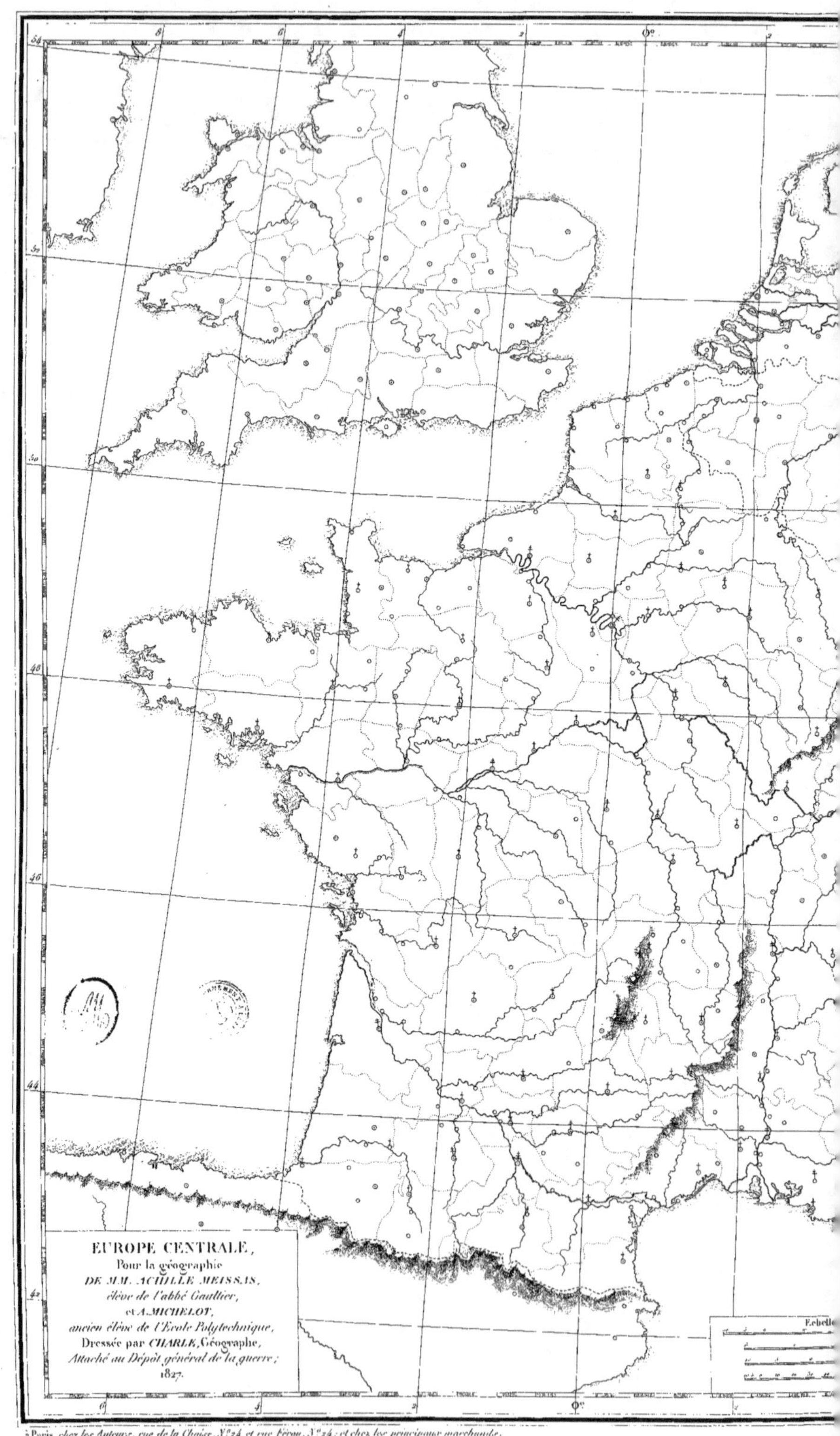

EUROPE CENTRALE,
Pour la géographie
DE MM. ACHILLE MEISSAS,
élève de l'abbé Gaultier,
et A. MICHELOT,
ancien élève de l'École Polytechnique,
Dressée par CHARLE, Géographe,
Attaché au Dépôt général de la guerre;
1827.
Echelle
à Paris, chez les Auteurs, rue de la Chaise, N.º 24 et rue Férou, N.º 24; et chez les principaux marchands.

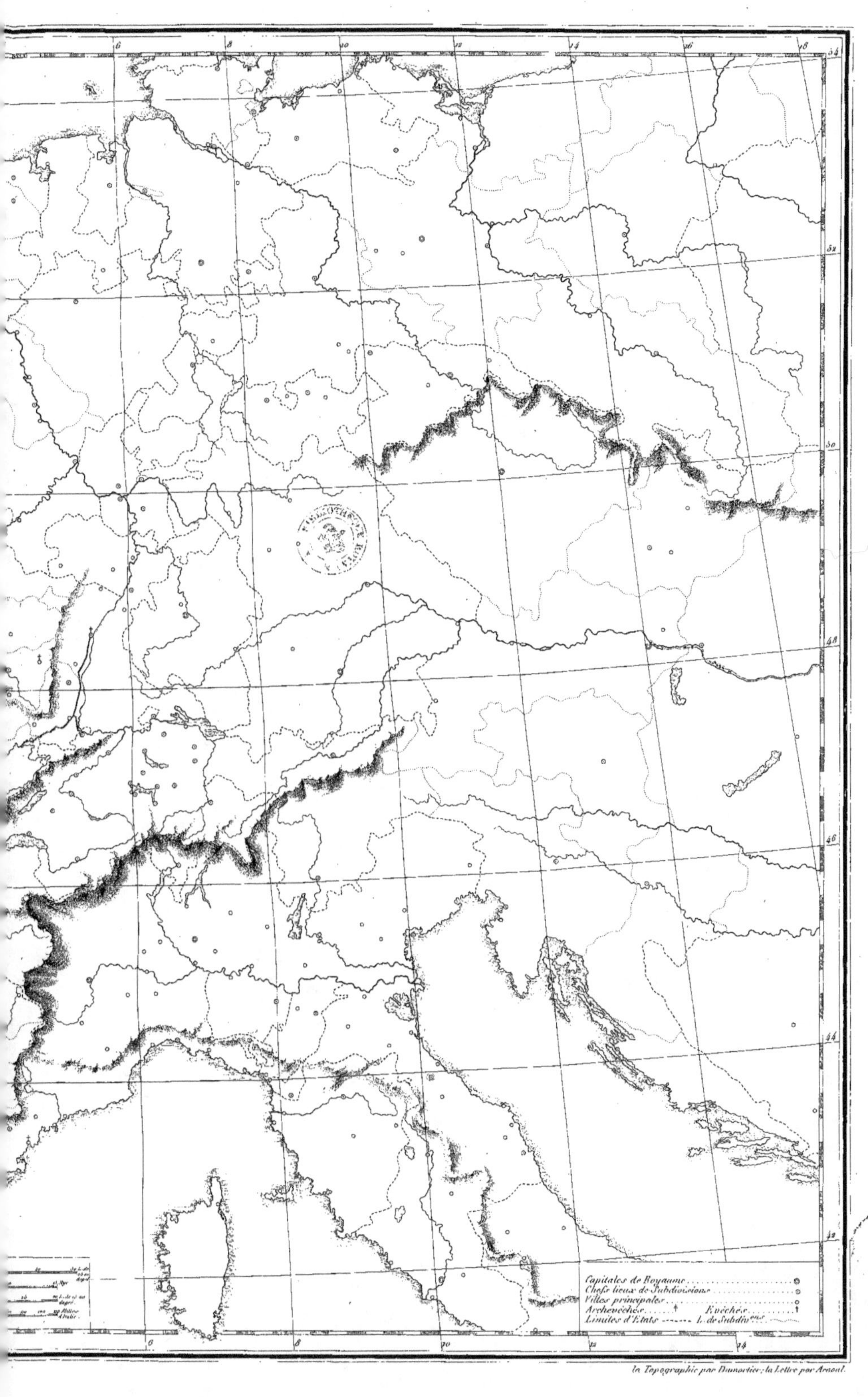

Capitales de Royaume
Chefs lieux de Subdivisions
Villes principales
Archevêchés
Évêchés
Limites d'États
L. de Subdiv.ons
la Topographie par Dumoutier; la Lettre par Arnoul.

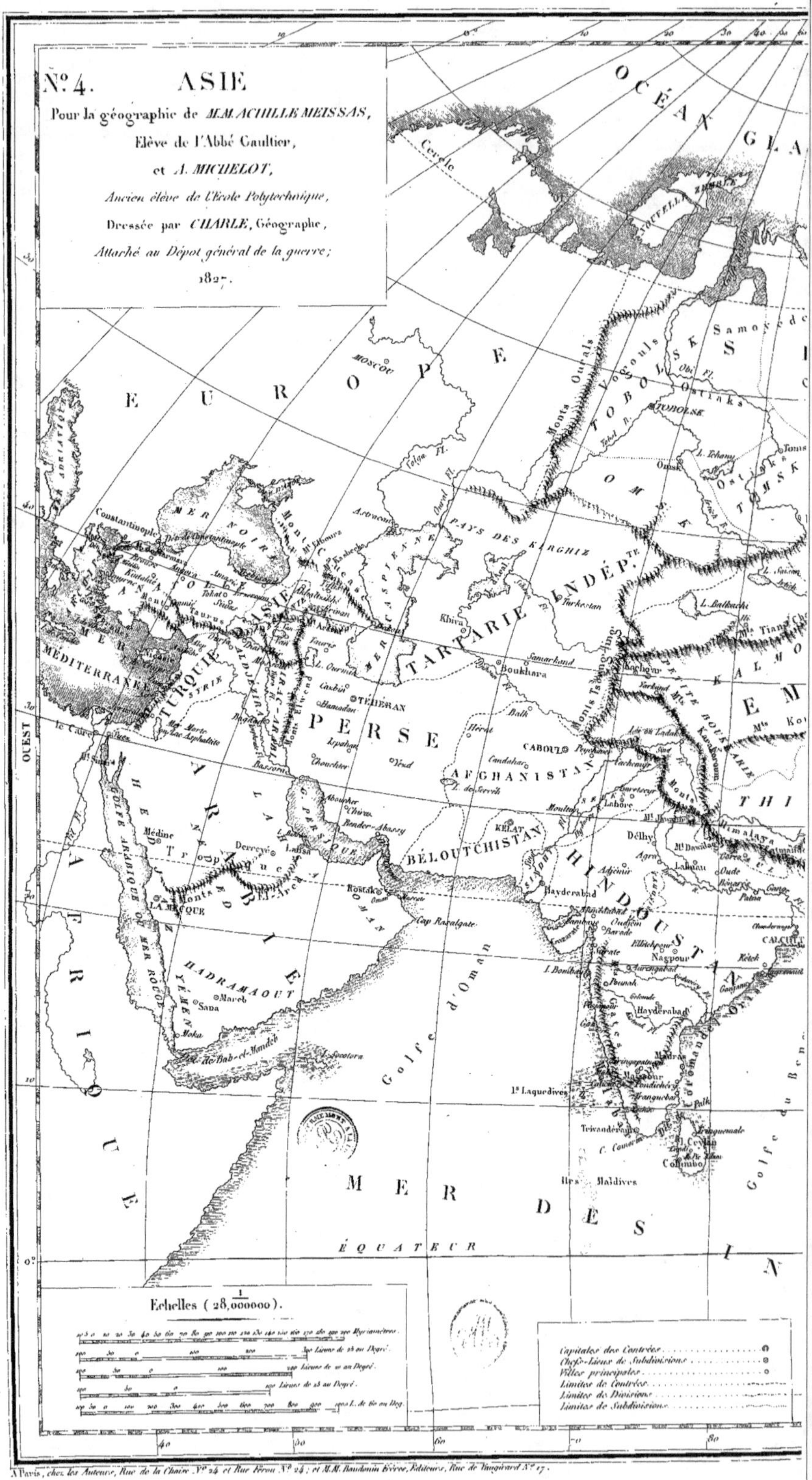

N.º 4. ASIE
Pour la géographie de MM. ACHILLE MEISSAS,
Élève de l'Abbé Gaultier,
et A. MICHELOT,
Ancien élève de l'École Polytechnique,
Dressée par CHARLE, Géographe,
Attaché au Dépôt général de la guerre;
1827.
OCÉAN GLA
EUROPE
MOSCOU
MER NOIRE
Constantinople
Dét de Constantinople
MÉDITERRANÉE
MER
TURQUIE D'ASIE
SYRIE
Mont Taurus
ALEP
NICÉE
ANATOLIE
MONTS OURALS
Volga Fl.
MER CASPIENNE
PAYS DES KIRGHIZ
Aral
TOBOLSK
Vogouls
Ostiaks
OMSK
Omsk
TOMSK
Samoyède
Tomsk
TARTARIE INDÉP.te
Khiva
Turkestan
Samarkand
Boukhara
KALMO
M.ts Tian-Chan
L. Balkachi
PERSE
TÉHÉRAN
Ispahan
Hamadan
Yesd
Bath
Hérat
CABOUL
AFGHANISTAN
Candahar
BÉLOUTCHISTAN
KELAT
MONTS BOUKARIE
HINDOUSTAN
Lahore
Moultan
Délhy
Himalaya
CALCUTTA
ARABIE
MECQUE
LA MECQUE
Médine
Tropique du Cancer
Monts
Bassorah
Bagdad
GOLFE PERSIQUE
Abouchor
Chiras
Bender-Abassy
Cap Rasalgate
Golfe d'Oman
Hayderabad
Nagpour
HADRAMAOUT
YÉMEN
Mareb
Sana
Moka
Dét. de Bab-el-Mandeb
I. Socotora
Madras
Pondichéry
Trivanderam
C. Comorin
I. Ceylan
Colombo
I. Laquedives
Iles Maldives
MER DES INDES
ÉQUATEUR
Golfe du Bengale
AFRIQUE
CÔTE ARABIQUE OU MER ROUGE
OUEST
Échelles ( 1/28,000000 ).
Myriamètres
Lieues de 25 au Degré
Lieues de 20 au Degré
Lieues de 15 au Degré
L. de 60 au Deg.
Capitales des Contrées
Chefs-Lieux de Subdivisions
Villes principales
Limites de Contrées
Limites de Divisions
Limites de Subdivisions
A Paris, chez les Auteurs, Rue de la Chaise N.º 24 et Rue Férou N.º 24 ; et M.M. Baudouin Frères, Éditeurs, Rue de Vaugirard N.º 17.

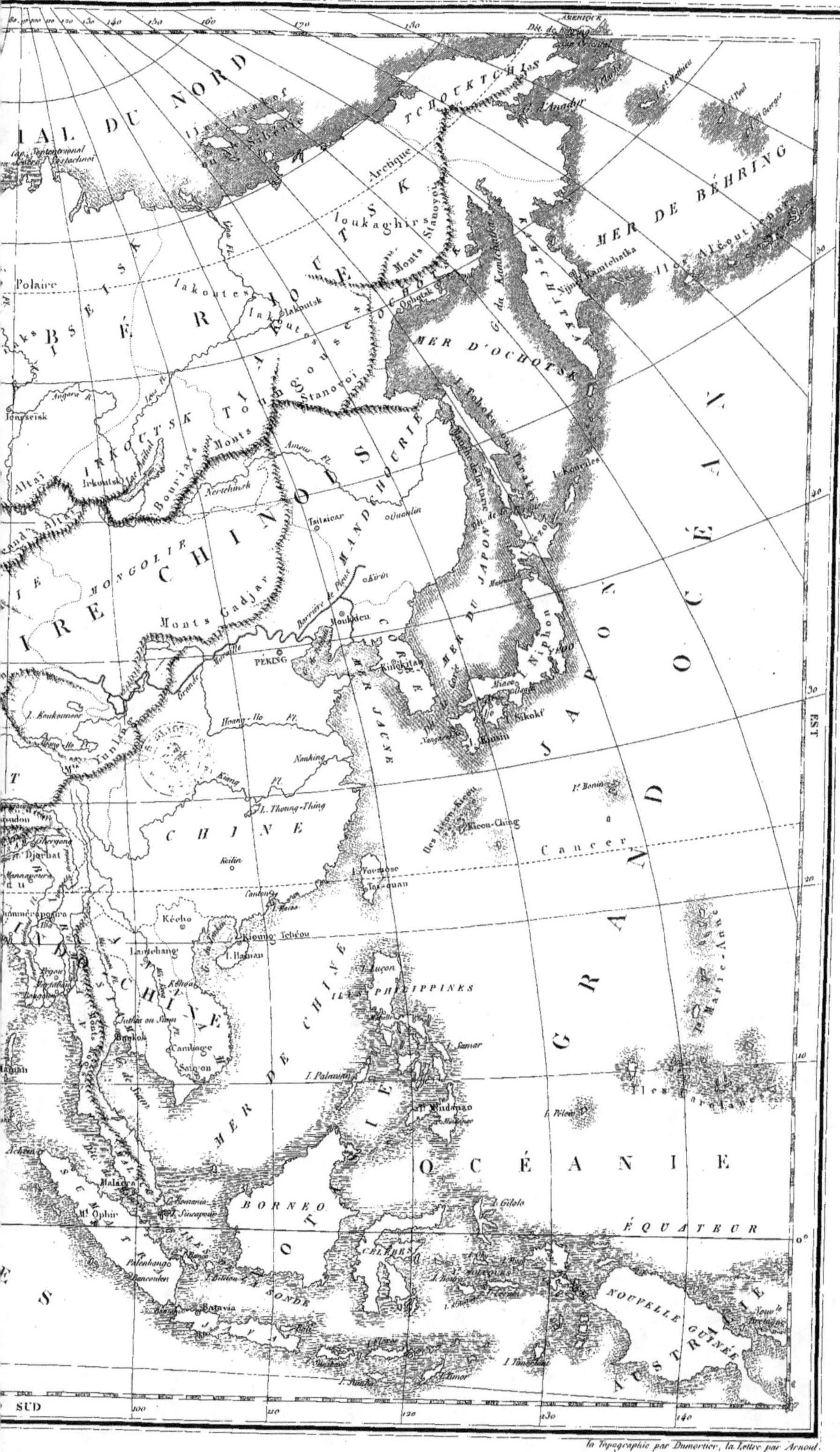


la Topographie par Dumortier, la Lettre par Arnout.

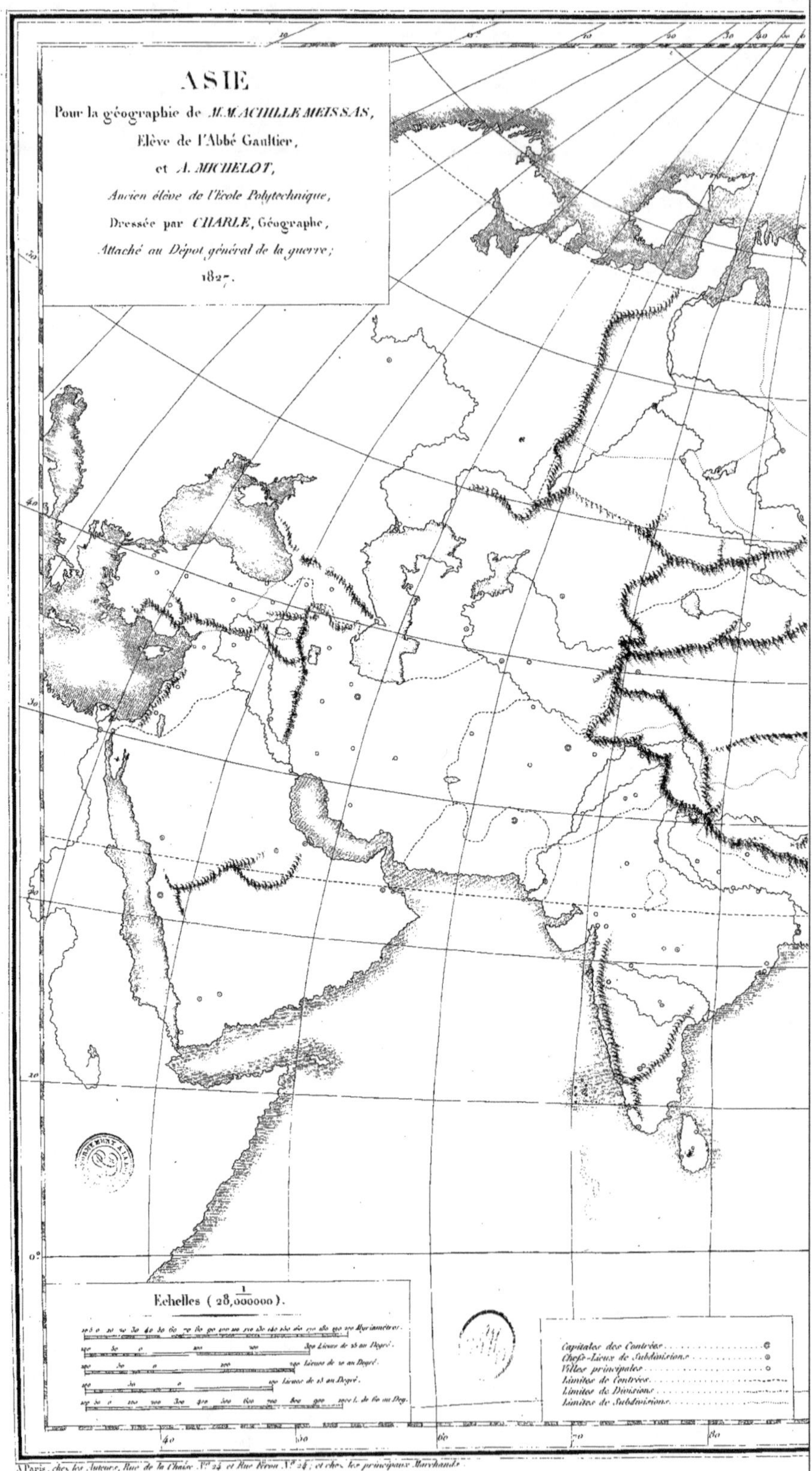

ASIE
Pour la géographie de M.M. ACHILLE MEISSAS,
Elève de l'Abbé Gaultier,
et A. MICHELOT,
Ancien élève de l'École Polytechnique,
Dressée par CHARLE, Géographe,
Attaché au Dépôt général de la guerre;
1827.
Echelles ( 1/28,000000 ).
Myriamètres.
Lieues de 25 au Degré.
Lieues de 20 au Degré.
Lieues de 15 au Degré.
L. de 60 au Deg.
Capitales des Contrées
Chefs-Lieux de Subdivisions
Villes principales
Limites de Contrées
Limites de Divisions
Limites de Subdivisions
A Paris, chez les Auteurs, Rue de la Chaise N.° 24, et Rue Néeve N.° 24; et chez les principaux Marchands.

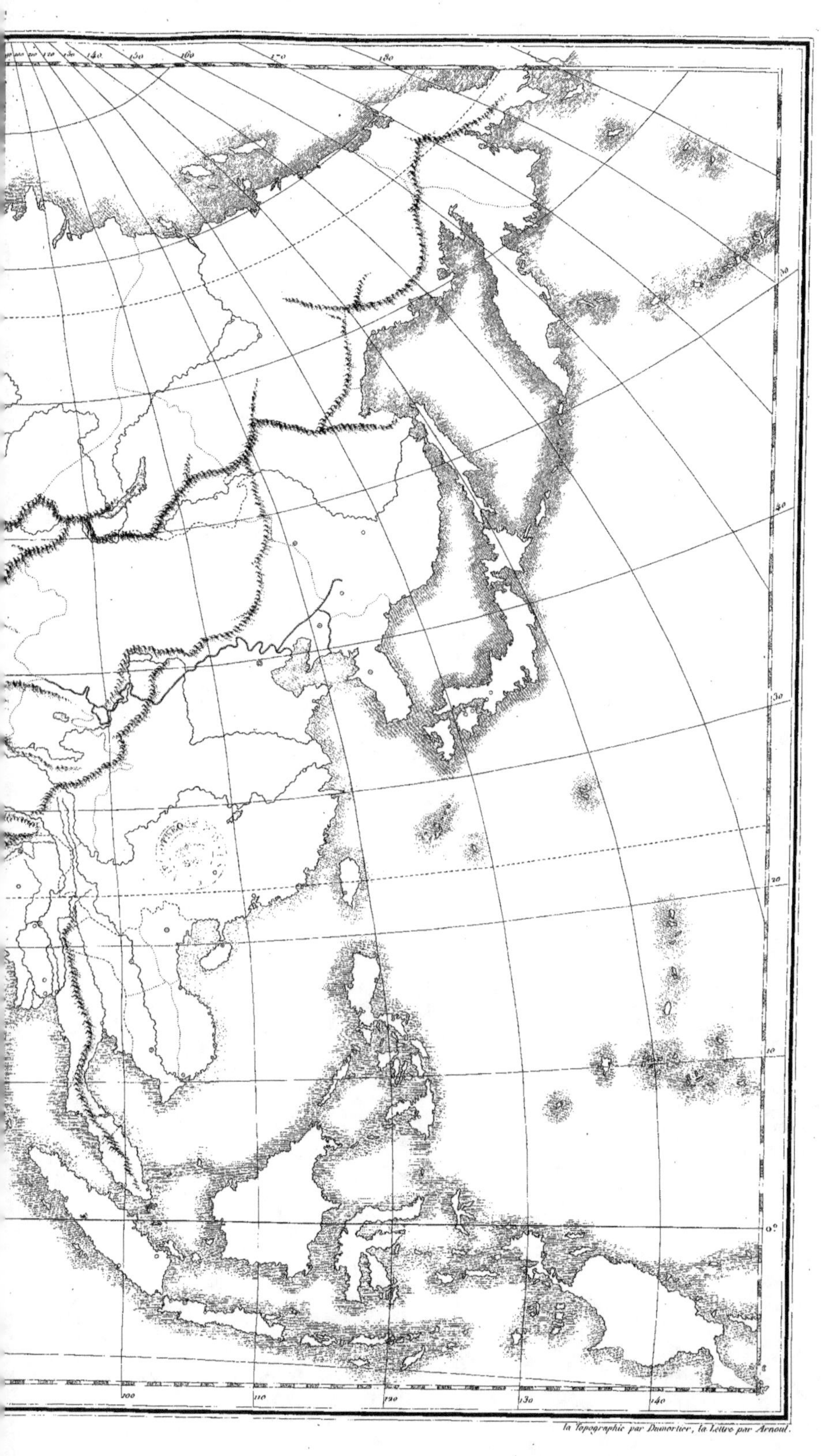

la Topographie par Dumortier, la Lettre par Arnoul.

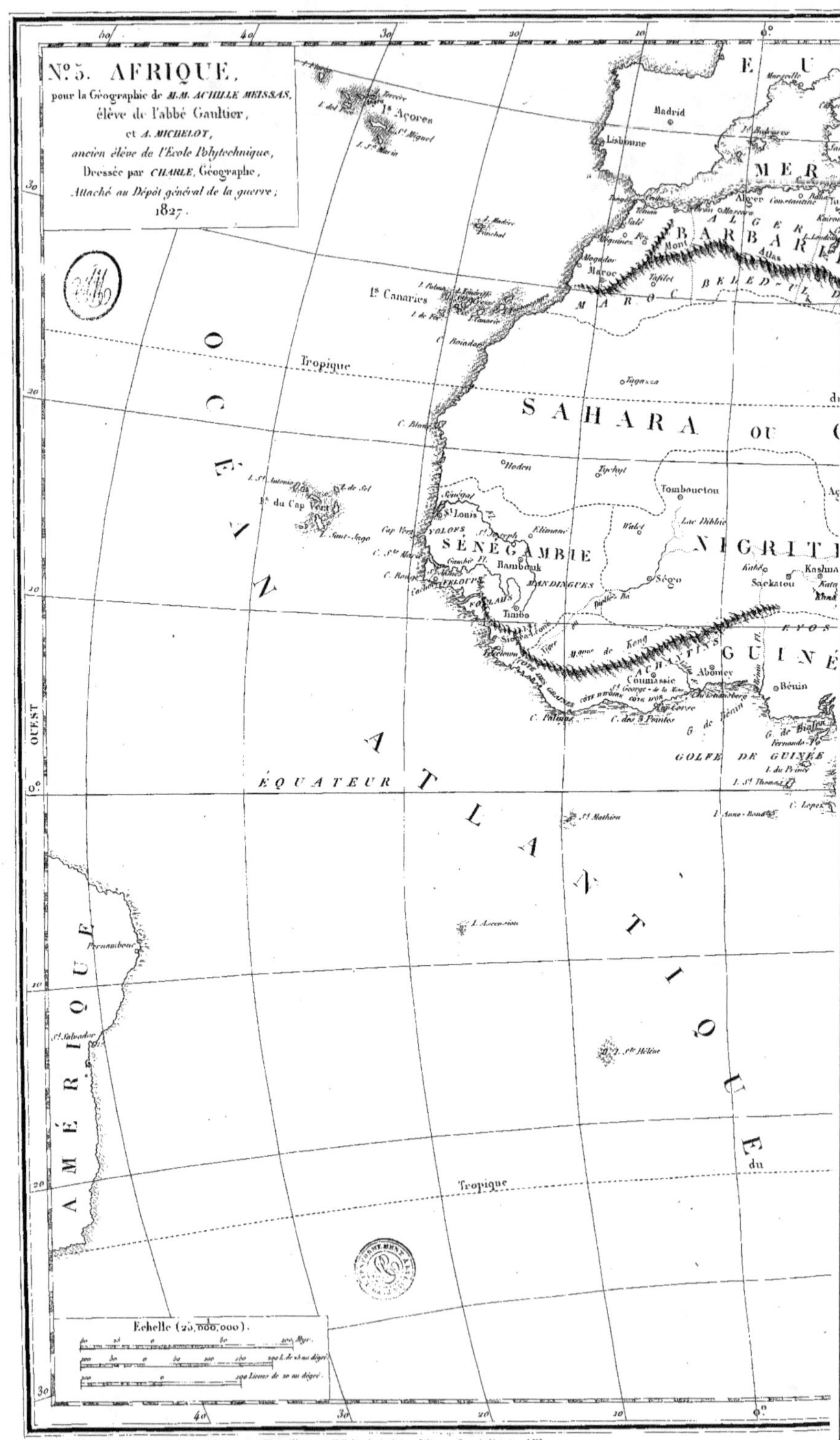
N°5. AFRIQUE,
pour la Géographie de M.M. ACHILLE MEISSAS,
élève de l'abbé Gaultier,
et A. MICHELOT,
ancien élève de l'Ecole Polytechnique,
Dressée par CHARLE, Géographe,
Attaché au Dépôt général de la guerre;
1827.
Echelle (25,000,000).
A Paris, Chez les Auteurs, Rue de la Chaise N° 24, et Rue Fivon N° 24; et M.M. Baudouin Frères, Editeurs, Rue de Vaugirard N° 1.
MER
EUROPE
Madrid
Lisbonne
Marseille
Algér
Constantine
BARBARIE
MAROC
Maroc
Atlas
BELED-UL
SAHARA
OU
Tombouctou
Lac Dibbie
Taganza
Hoden
Tychyt
Walet
Ségo
NIGRITIE
Sackatou
Kashna
C. Blanc
Senégal
St Louis
YOLOFS
SENEGAMBIE
Bambouk
MANDINGUES
FOULANS
Timbo
Sierra-Leone
C. des Palmes
CÔTE D'OR
CÔTE D'IVOIRE
Coumassie
Abomey
Bénin
GUINEE
GOLFE DE GUINEE
ACHANTIS
Monts de Kong
I. Canaries
I. del Fuego
St Miguel
Açores
Pico
C. Bojador
Ile du Cap Vert
I. St Antonio
I. de Sel
I. Sant-Jago
OCÉAN
Tropique
ÉQUATEUR
ATLANTIQUE
OUEST
AMÉRIQUE
Pernambouc
St Salvador
I. Ascension
I. Ste Hélène
I. St Mathieu
I. Anna-Bond
C. Lopez
G. de Biafra
Fernando-Po
I. du Prince
I. St Thomas
Tropique
du

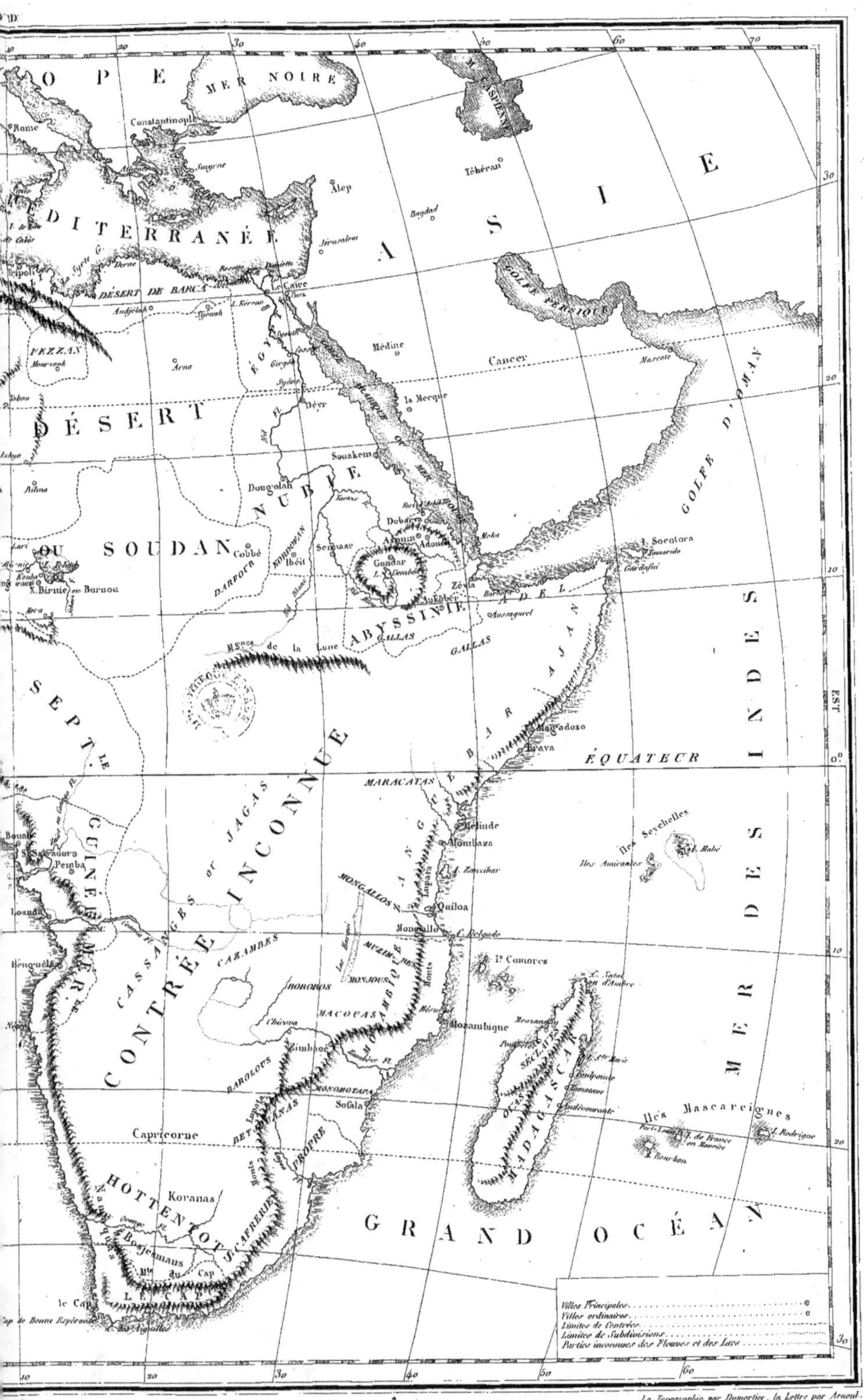

EUROPE
MER NOIRE
Constantinople
Rome
Smyrne
MÉDITERRANÉE
Alep
Tchéran
Bagdad
Jérusalem
Le Caire
M. CASPIENNE
ASIE
GOLFE PERSIQUE
Médine
Cancer
Mascate
GOLFE D'OMAN
DÉSERT
FEZZAN
Mourzouk
Arna
Syène
Dongolah
la Mecque
Souakem
NUBIE
ÉGYPTE
OU SOUDAN
Cobbé
KORDOFAN
DARFOUR
Sennaar
Ibéit
Moka
Dobarona
Axoum
Adoua
Gondar
L. de Dembea
ABYSSINIE
Zéyla
Berbera
ADEL
I. Socotora
Gardafui
Aussanguel
GALLAS
GALLAS
Monts de la Lune
MER DES INDES
EST
SEPT.le
GUINÉE
CONTRÉE INCONNUE
CASSANGES or JAGAS
ÉQUATEUR
MARACATAS
Magadoxo
Brava
S. Salvador
Pemba
Loando
Benguela
CAZAMBES
Melinde
Mombaza
I. Zanzibar
Iles Seychelles
I. Mahé
Iles Amirantes
MONGALLOS
Quiloa
Mongallo
C. Delgado
MONJOUS
MACOUAS
Chicova
Zimbaoc
MONOMOTAPA
Sofala
I. Comores
Mozambique
L. Natal
C. d'Ambre
SECHELLES
MADAGASCAR
Ste Marie
Tamatave
Iles Mascareignes
I. Rodrigue
I. de France
ou Maurice
I. Bourbon
BAROLOUS
BETJOUANAS
PROPRE
Capricorne
HOTTENTOT
Koranas
CAFRERIE
Monts du Cap
le Cap
LE CAP
Cap de Bonne Espérance
C. des Aiguilles
GRAND OCÉAN
Villes Principales
Villes ordinaires
Limites de Contrées
Limites de Subdivisions
Parties inconnues des Fleuves et des Lacs
La Topographie par Dumortier, la Lettre par Arnoul.
SUD

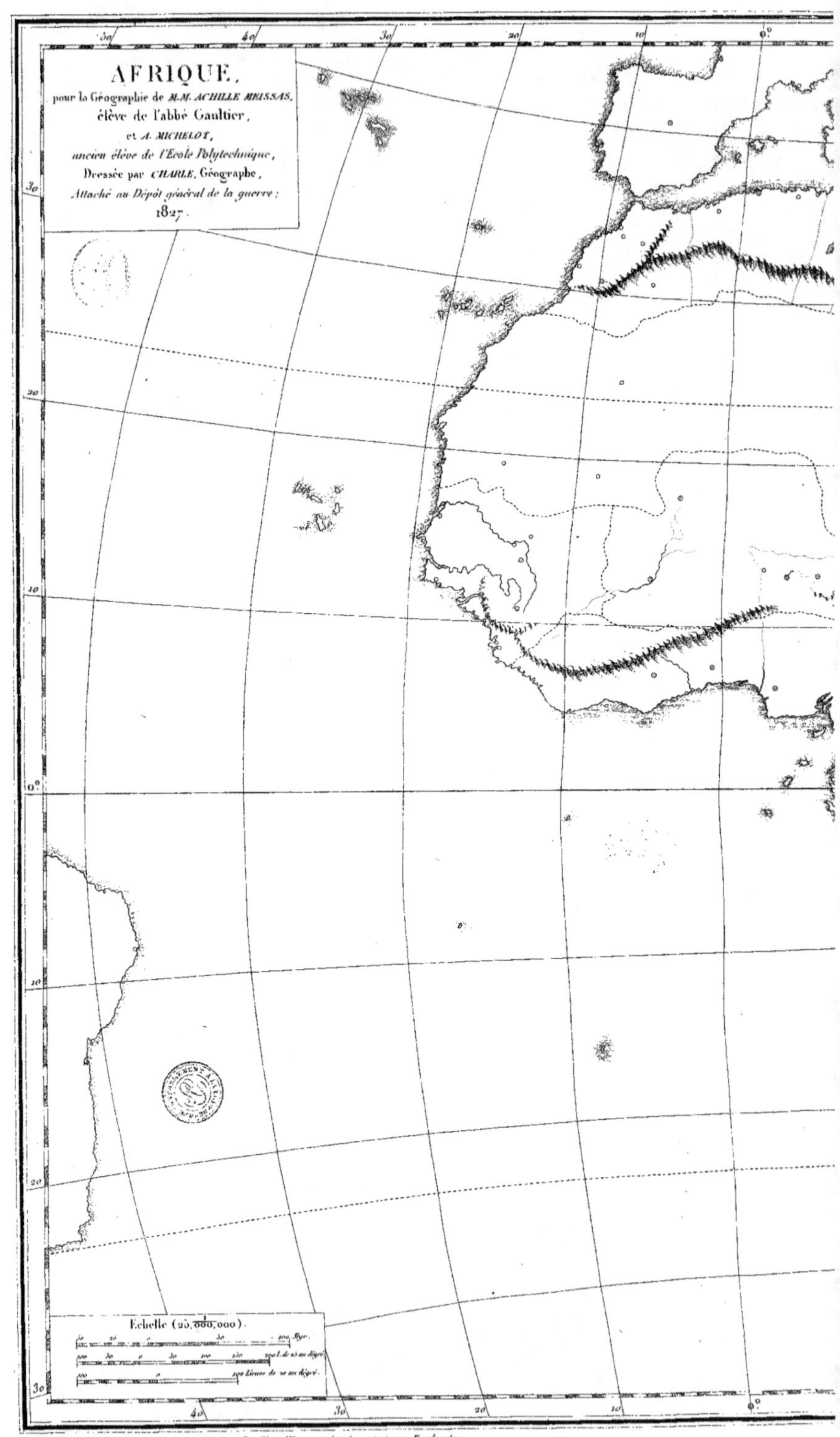

AFRIQUE,
pour la Géographie de M.M. ACHILLE MEISSAS,
élève de l'abbé Gaultier,
et A. MICHELOT,
ancien élève de l'Ecole Polytechnique,
Dressée par CHARLE, Géographe,
Attaché au Dépôt général de la guerre;
1827.
Echelle (25,000,000).
Myr.
I. de 25 au degré
Lieues de 20 au degré.
A Paris, Chez les Auteurs, Rue de la Chaise N° 24, et Rue Féron N° 22; et chez les principaux Marchands.

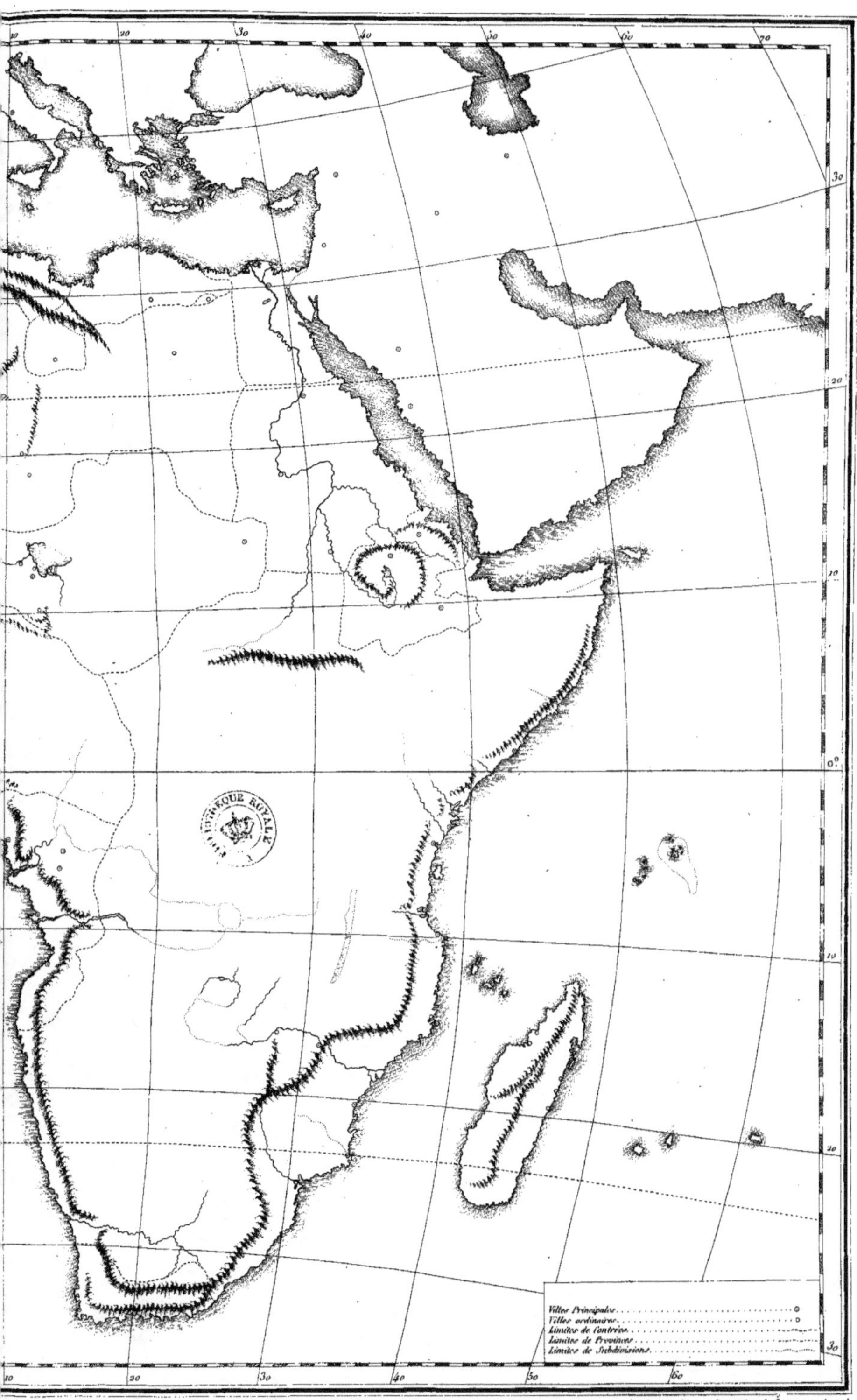

Villes Principales
Villes ordinaires
Limites de Contrées
Limites de Provinces
Limites de Subdivisions
La Topographie par Dumortier, la Lettre par Arnoul.

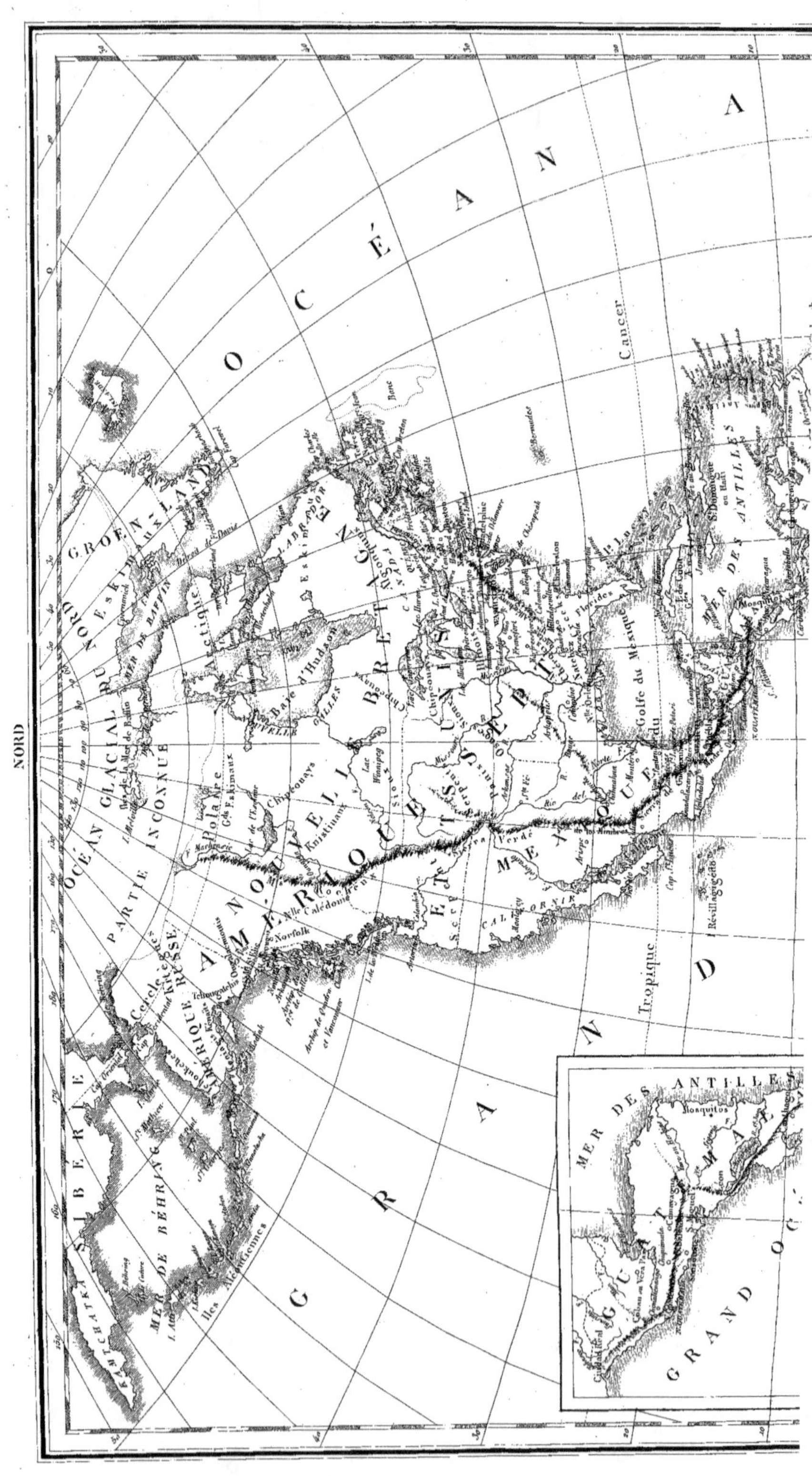

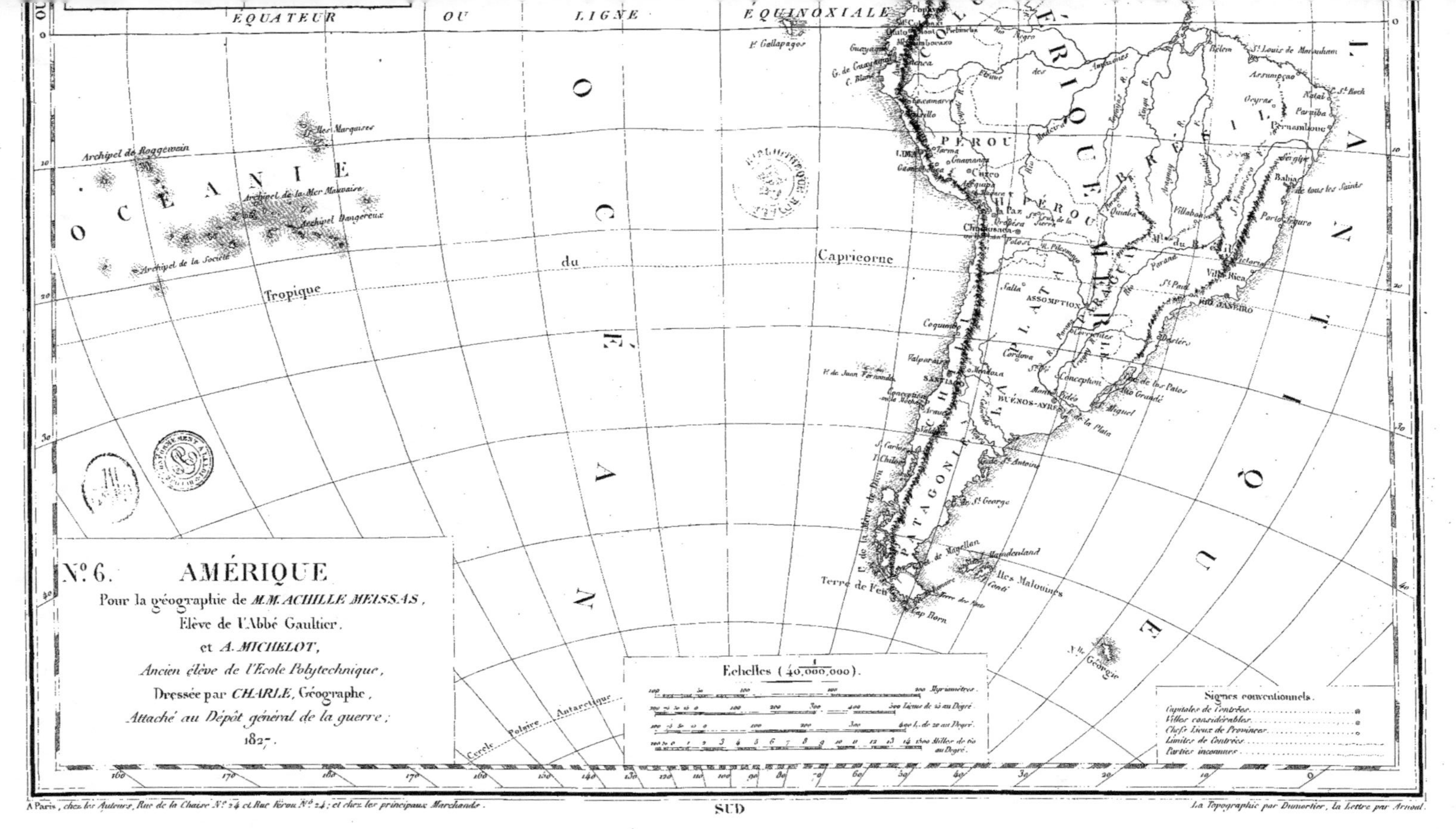

EQUATEUR OU LIGNE EQUINOXIALE
OCÉANIE
OCÉAN du
Capricorne
Tropique
Archipel de Roggewein
Iles Marquises
Archipel de la Mer Mauvaise
Archipel Dangereux
Archipel de la Société
AMÉRIQUE
PÉROU
BRÉSIL
PATAGONIE
Cercle Polaire Antarctique
Terre de Feu
Cap Horn
Détroit de Magellan
Iles Malouines
N.lle Géorgie
I. Gallapagos
N° 6. AMÉRIQUE
Pour la géographie de M.M. ACHILLE MEISSAS,
Elève de l'Abbé Gaultier,
et A. MICHELOT,
Ancien élève de l'Ecole Polytechnique,
Dressée par CHARLE, Géographe,
Attaché au Dépôt général de la guerre,
1827.
Echelles ( 1/40,000,000 ).
Myriamètres
Lieues de 25 au Degré
L. de 20 au Degré
Milles de 60 au Degré
Signes conventionnels.
Capitales de Contrées
Villes considérables
Chefs-Lieux de Provinces
Limites de Contrées
Parties inconnues
A Paris, chez les Auteurs, Rue de la Chaise N° 24 et Rue Férou N° 24 ; et chez les principaux Marchands.
La Topographie par Dumortier, la Lettre par Arnoul.
SUD

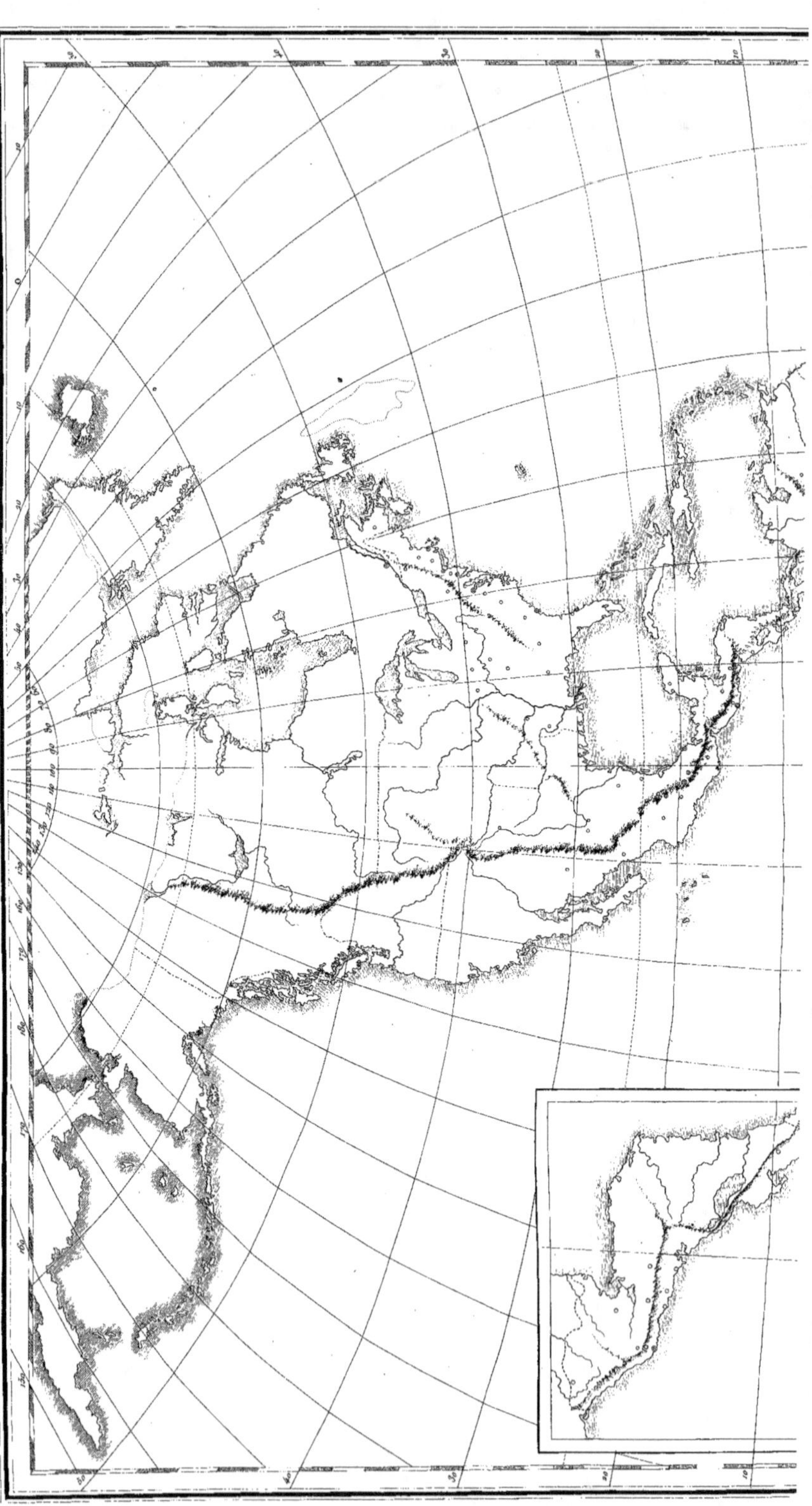

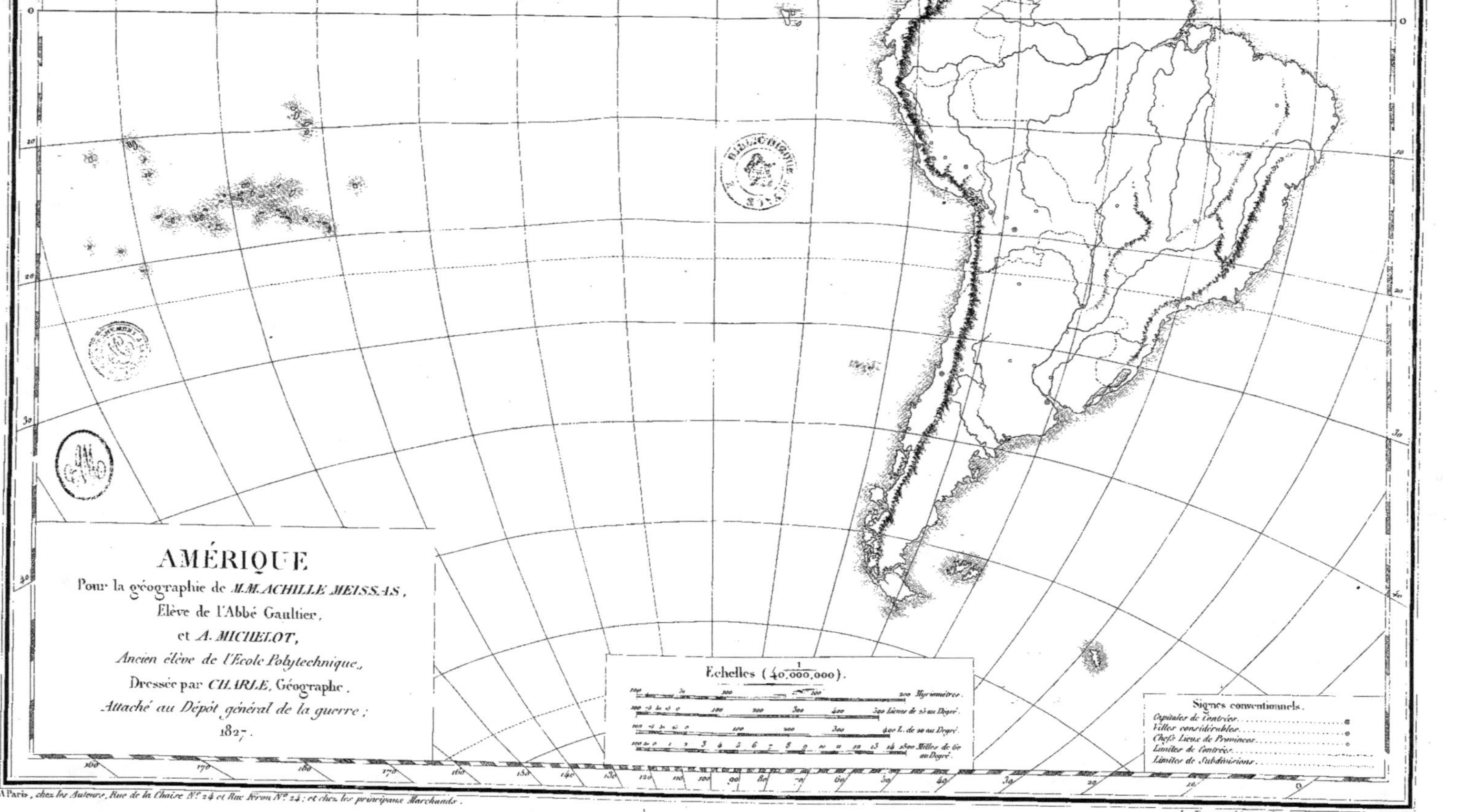

AMÉRIQUE
Pour la géographie de MM. ACHILLE MEISSAS,
Élève de l'Abbé Gaultier,
et A. MICHELOT,
Ancien élève de l'École Polytechnique,
Dressée par CHARLE, Géographe,
Attaché au Dépôt général de la guerre ;
1827.
Echelles ( 1/40,000,000 ).
200 Myriamètres.
300 Lieues de 25 au Degré.
400 L. de 20 au Degré.
1800 Milles de 60 au Degré.
Signes conventionnels.
Capitales de l'entrée.
Villes considérables.
Chefs Lieux de Provinces.
Limites de l'entrée.
Limites de Subdivisions.
A Paris, chez les Auteurs, Rue de la Chaise N.° 24 et Rue Féron N.° 24 ; et chez les principaux Marchands.
La Topographie par Dumortier, la Lettre par Arnoul.

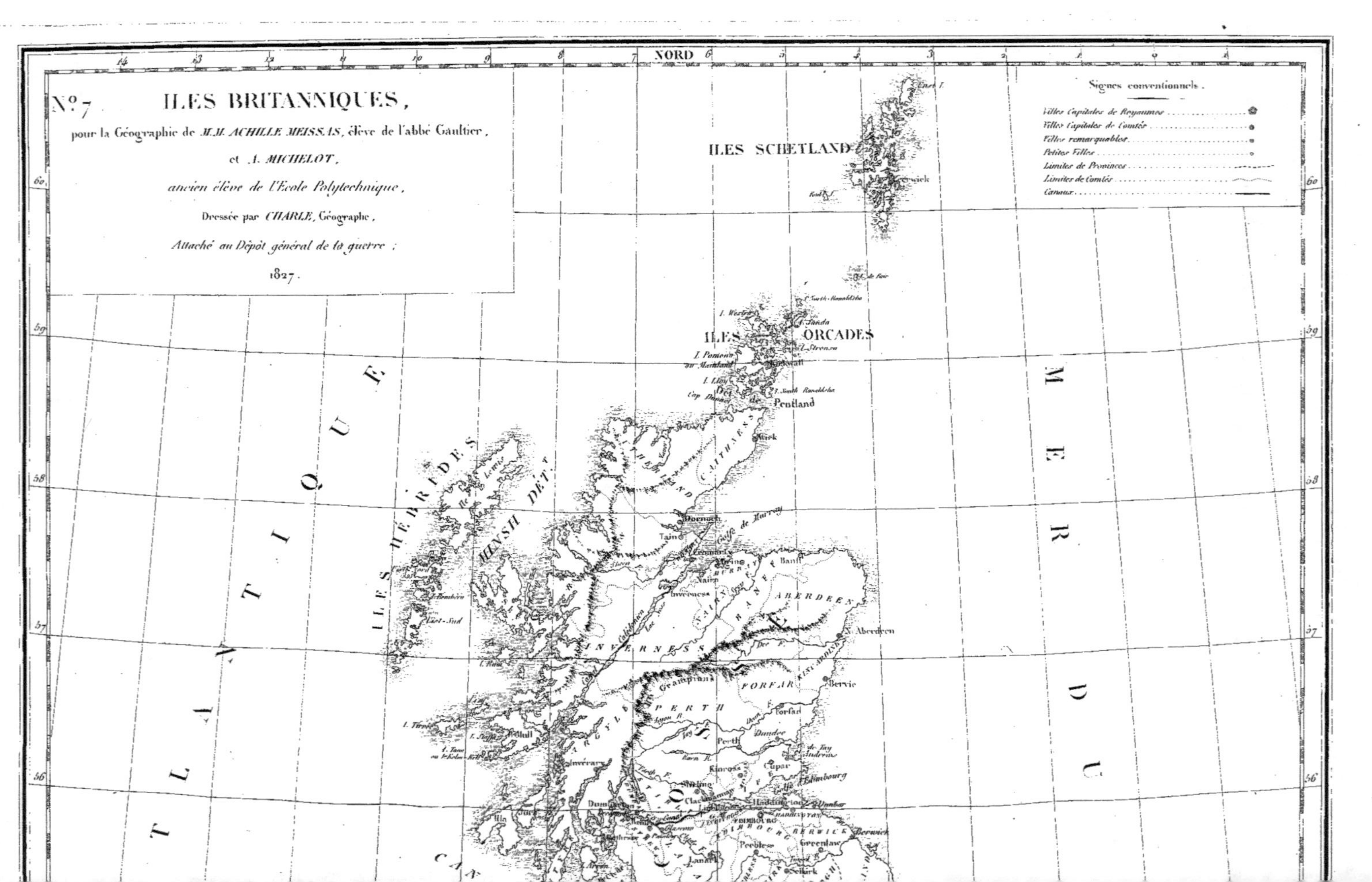

N.º 7
ILES BRITANNIQUES,
pour la Géographie de M.M. ACHILLE MEISSAS, élève de l'abbé Gaultier,
et A. MICHELOT,
ancien élève de l'École Polytechnique,
Dressée par CHARLE, Géographe,
Attaché au Dépôt général de la guerre ;
1827.
Signes conventionnels.
Villes Capitales de Royaumes
Villes Capitales de Comtés
Villes remarquables
Petites Villes
Limites de Provinces
Limites de Comtés
Canaux
NORD
ILES SCHETLAND
ILES ORCADES
MER DU
ATLANTIQUE
ILES HÉBRIDES
MENSH DÉT.
HIGHLAND
CAITHNESS
INVERNESS
ABERDEEN
FORFAR
PERTH
ARGYLE
Pentland
Dornoch
Tain
Inverness
Nairn
Banff
N. Aberdeen
Bervie
Forfar
Dundee
St. Andrews
Cupar
Perth
Kinross
Edimbourg
Inverary
Stirling
Dumbarton
EDIMBOURG
BERWICK
Berwick
Greenlaw
Peebles
Lanark
Selkirk
Lerwick
Kirkwall
Stromness

OCÉAN
MER DU NORD
MER D'IRLANDE
CANAL DE ST GEORGE
CANAL DE BRISTOL
MANCHE
PAS DE CALAIS
OUEST
SUD
CONNAUGHT
ULSTER
LEINSTER
MUNSTER
ANGLETERRE
PRINCIPAUTÉ DE GALLES
LONDRES
Echelle (1,500,000).
à Paris, chez les Auteurs, rue de la Chaise N.º 24 et rue Firon N.º 24; et chez les principaux marchands.
la Topographie par Dumortier; la Lettre par Arnoul.

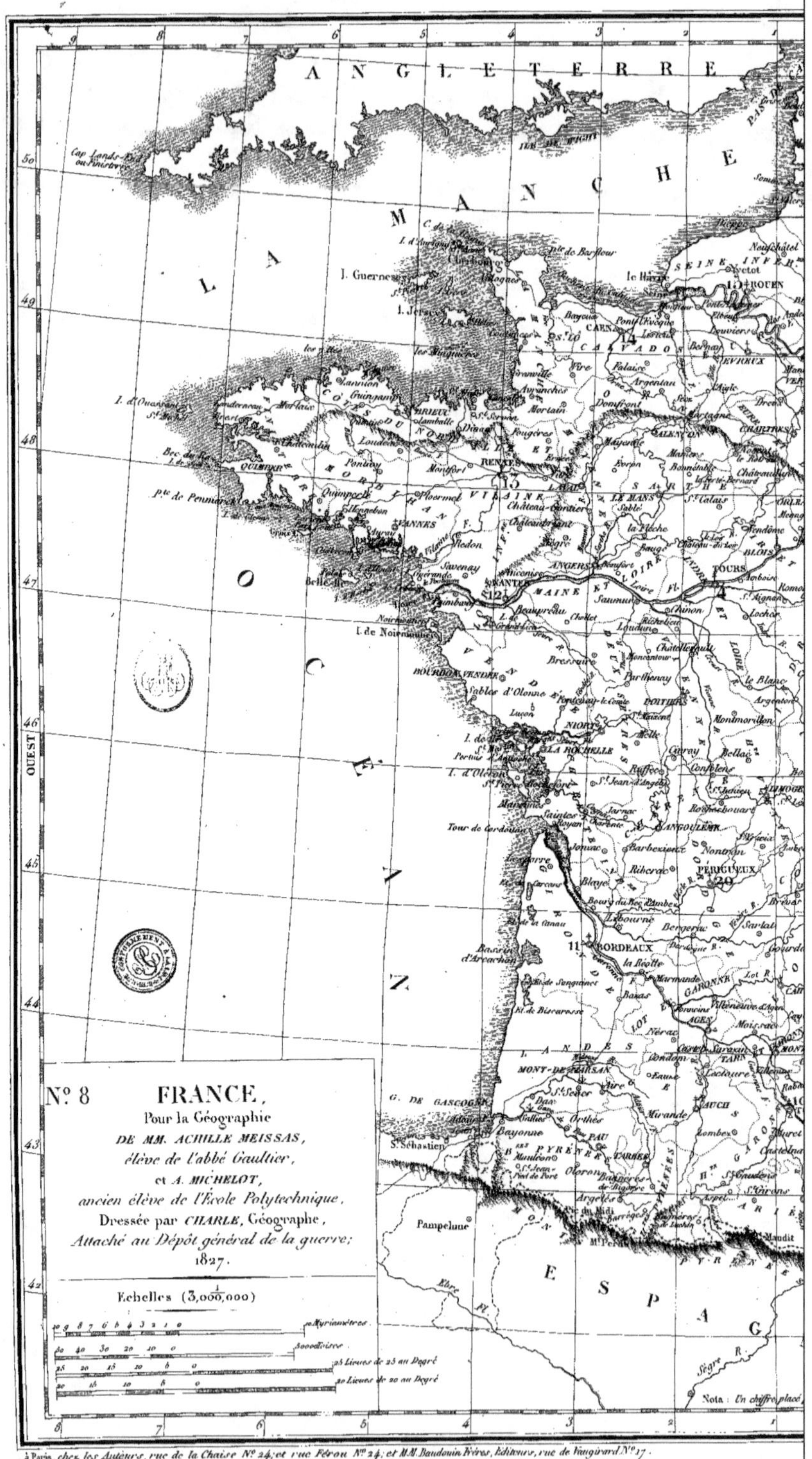

à Paris, chez les Auteurs, rue de la Chaise N.° 24; et rue Férou N.° 24; et M.M. Baudouin Frères, Éditeurs, rue de Vaugirard N.° 17.

NORD
SUD
EST
BELGIQUE
DUCHÉ DU BAS RHIN
BAVIÈRE RHÉNANE
WURTEMBERG
BAVIÈRE
DUCHÉ DE SAXE
HESSE ELECT.
SUISSE
TYROL
ROYAUME LOMBARD-VÉNITIEN
ROYAUME DE SARDAIGNE
DUCHÉ DE PARME
DUCHÉ DE MODÈNE
GOLFE DE GÈNES
MER MÉDITERRANÉE
GOLFE DE LION
PARIS
LILLE
METZ
CHAALONS
STRASBOURG
STUTTGARD
CARLSRUHE
Darmstadt
Francfort
BOURGES
DIJON
BESANÇON
LYON
CLERMONT
GRENOBLE
CHAMBÉRY
VALENCE
NIMES
MONTPELLIER
PERPIGNAN
NARBONNE
MARSEILLE
Toulon
Hyères
Fréjus
St Tropez
Brignolles
AJACCIO
TURIN
MILAN
Gênes

Signes conventionnels.
Chefs-lieux de Départemens
Chefs-lieux d'Arrondissemens
Villes
Archevêchés
Évêchés
Cours Royales
Rivières navigables
Limites de Contrées
Limites de Départemens
Chef-lieu de Division militaire, indique le N.º de la Div.ᵒⁿ

la Topographie par Dumortier, la Lettre par Arnoul.

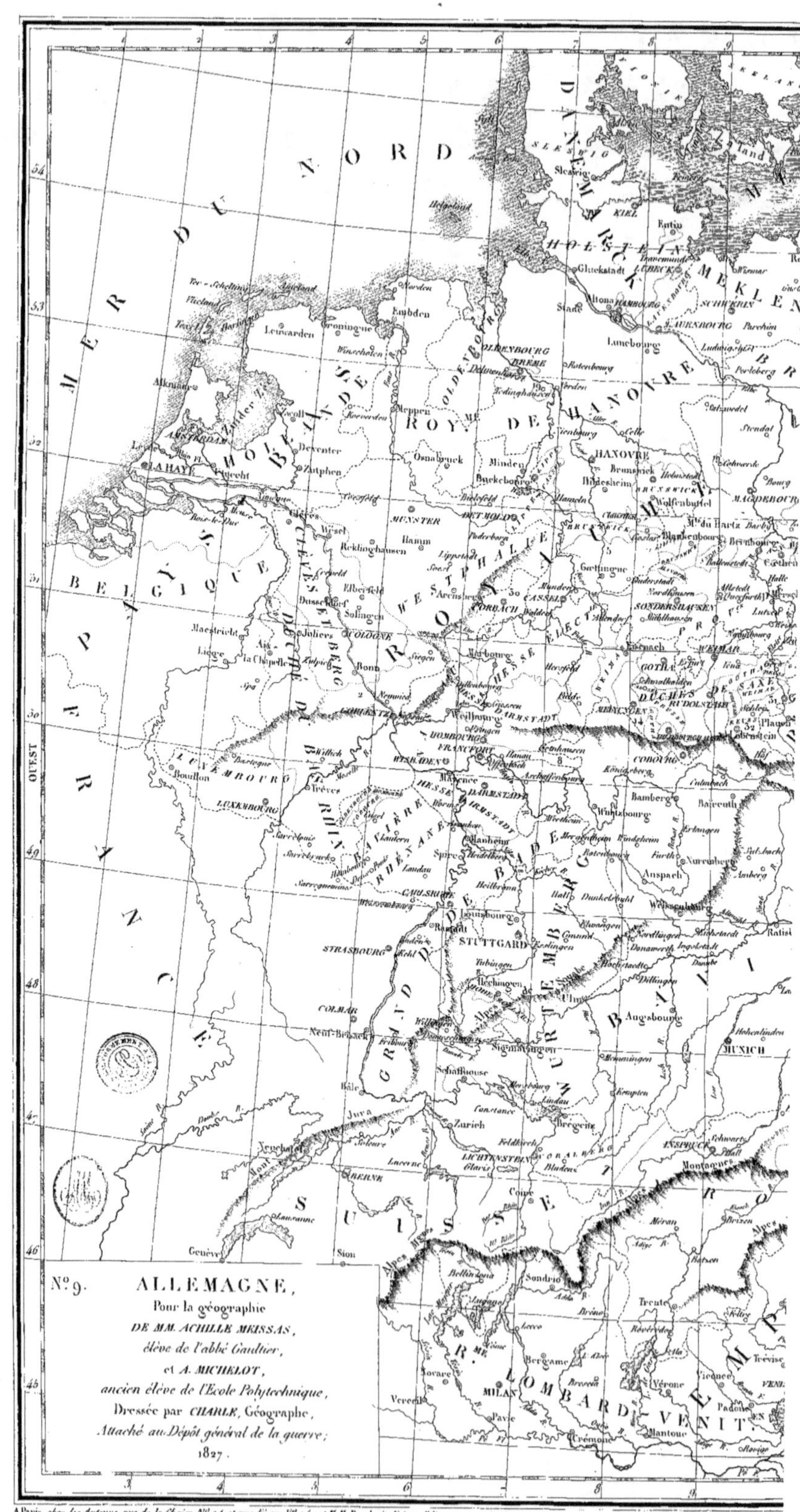


A Paris, chez les Auteurs, rue de la Chaise, N.º 24 et rue Férou, N.º 24; et M.M. Baudouin Frères, Éditeurs, rue de Vaugirard, N.º 17.

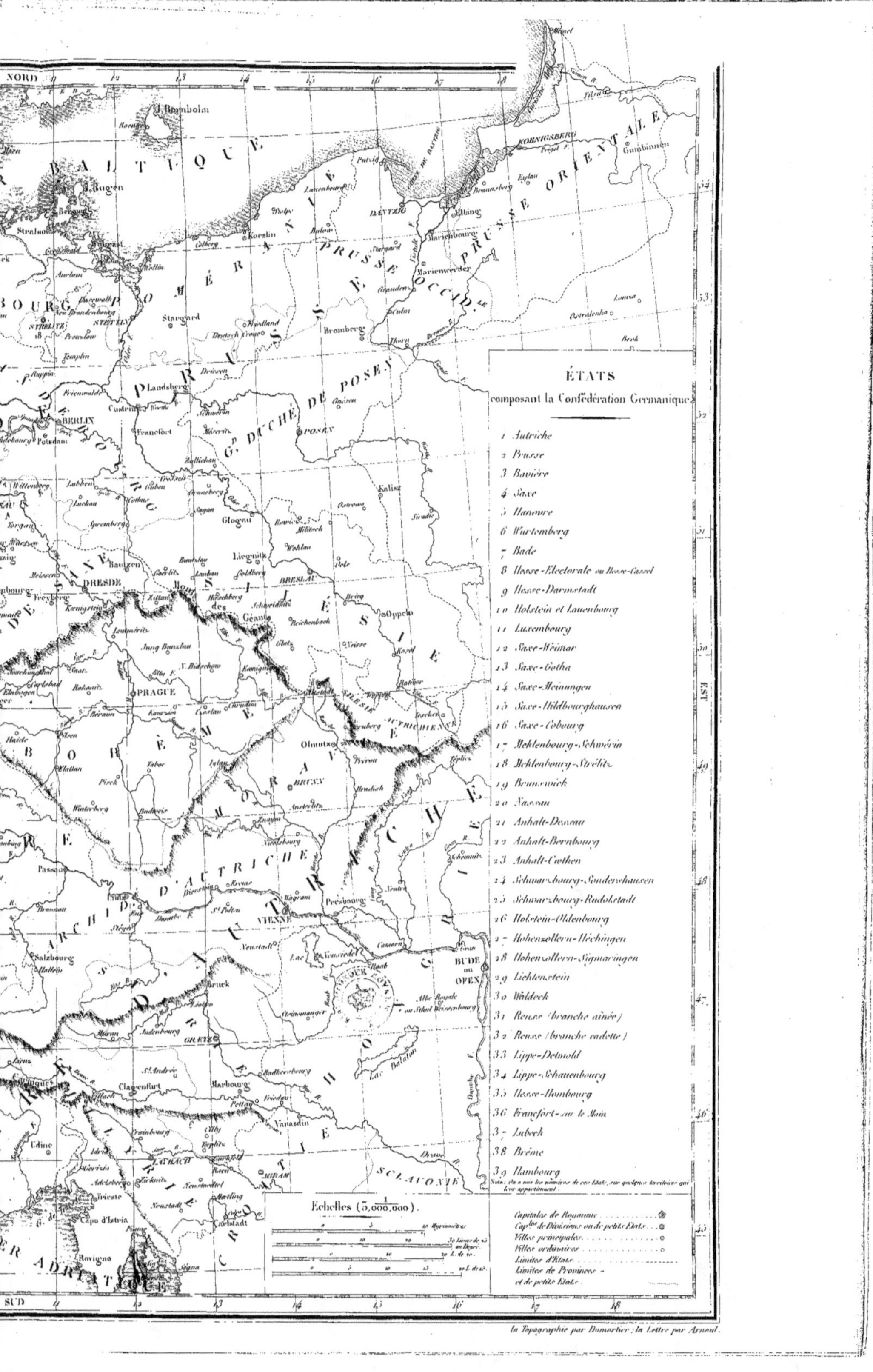

NORD
MER BALTIQUE
J. Bornholm
POMÉRANIE
PRUSSE OCCID.
PRUSSE ORIENTALE
KOENIGSBERG
Gumbinnen
DANTZIG
Marienbourg
Mariemwerder
MECKLEMBOURG
STRELITZ
STETTIN
Stargard
Bromberg
Thorn
PRUSSE
BERLIN
Francfort
GRAND DUCHÉ DE POSEN
POSEN
Kalisz
Glogau
Liegnitz
BRESLAU
DE SAXE
DRESDE
SILÉSIE
Oppeln
des Géants
SILÉSIE AUTRICHIENNE
PRAGUE
Olmutz
BOHÈME
MORAVIE
BRUNN
Austerlitz
D'AUTRICHE
Presbourg
VIENNE
BUDE ou OFEN
ARCHIDUCHÉ D'AUTRICHE
Salzbourg
Lac Balaton
Bruck
GRAETZ
Clagenfurt
Marbourg
ILLYRIE
LAYBACH
CROATIE
SCLAVONIE
Trieste
MER ADRIATIQUE
SUD

ÉTATS
composant la Confédération Germanique

1   Autriche
2   Prusse
3   Bavière
4   Saxe
5   Hanovre
6   Wurtemberg
7   Bade
8   Hesse-Electorale ou Hesse-Cassel
9   Hesse-Darmstadt
10  Holstein et Lauenbourg
11  Luxembourg
12  Saxe-Weimar
13  Saxe-Gotha
14  Saxe-Meiningen
15  Saxe-Hildbourghausen
16  Saxe-Cobourg
17  Mecklenbourg-Schwérin
18  Mecklenbourg-Strélitz
19  Brunswick
20  Nassau
21  Anhalt-Dessau
22  Anhalt-Bernbourg
23  Anhalt-Coethen
24  Schwarzbourg-Sonderhausen
25  Schwarzbourg-Rudolstadt
26  Holstein-Oldenbourg
27  Hohenzollern-Hechingen
28  Hohenzollern-Sigmaringen
29  Lichtenstein
30  Waldeck
31  Reuss (branche aînée)
32  Reuss (branche cadette)
33  Lippe-Detmold
34  Lippe-Schauenbourg
35  Hesse-Hombourg
36  Francfort-sur le Main
37  Lubeck
38  Brême
39  Hambourg

Nota: On a mis les numéros de ces Etats, sur quelques territoires qui leur appartiennent.

Echelles (5,000,000)

Capitales de Royaume
Caples de Divisions ou de petits Etats
Villes principales
Villes ordinaires
Limites d'Etats
Limites de Provinces et de petits Etats

la Topographie par Dumortier; la Lettre par Arnoul.

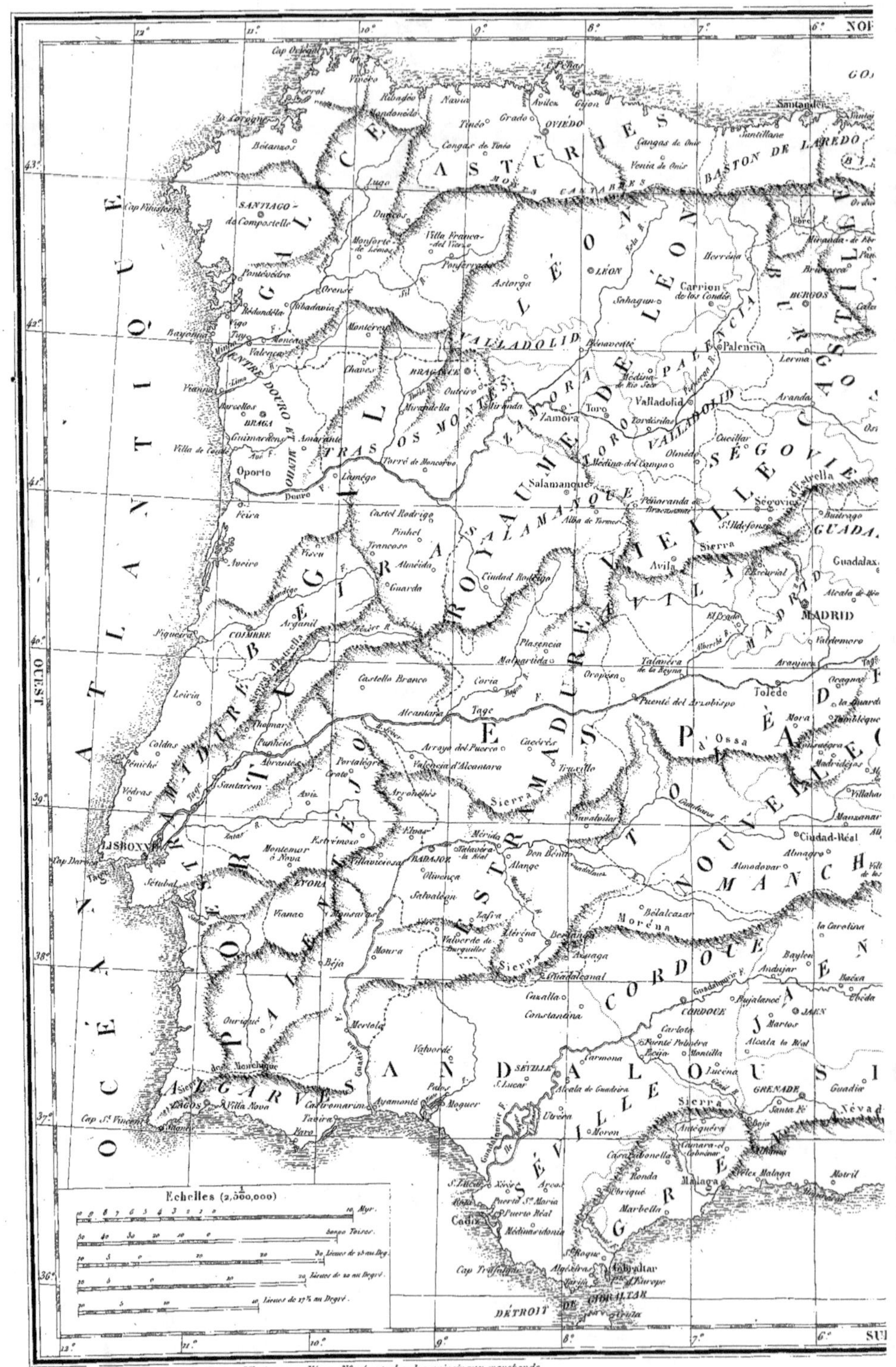
NORD
OCÉAN ATLANTIQUE
OUEST
GALICE
ASTURIES
MONTS CANTABRES
BASTON DE LAREDO
Santander
LÉON
ROYAUME DE LÉON
BURGOS
VIEILLE CASTILLE
SÉGOVIE
VALLADOLID
SALAMANQUE
ESTRAMADURE
NOUVELLE CASTILLE
MANCHE
MADRID
Tolède
SÉVILLE
CORDOUE
JAEN
ANDALOUSIE
GRENADE
ALGARVES
ROYAUME DE PORTUGAL
BÉIRA
ENTRE DOURO M.
TRAS OS MONTES
ESTRAMADURE
ALEMTEJO
Cap Ortegal
Le Corogne
Cap Finisterre
SANTIAGO de Compostelle
Pontevedra
Vigo
Bayonne
Oporto
Douro
COIMBRE
Sierra d'Estrella
Leiria
Figueras
Thomar
Santarem
LISBONNE
Cap Darouca
Sétubal
ÉVORA
Béja
Ourique
Monchique
Cap Ste Vincent
Lagos
Villa Nova
Tavira
Faro
Oviedo
Gijon
Avilez
Grado
Tinéo
Astorga
LÉON
Benavente
Zamora
Toro
VALLADOLID
Medina del Campo
Salamanque
Avila
Ségovie
St Ildefonse
Escurial
MADRID
Guadalax.
Aranjuez
Talavera de la Reyna
Plasencia
Coria
Alcantara
Tage
Mérida
BADAJOZ
Olivença
Zafra
Llerena
Sierra Morena
CORDOUE
JAEN
Andujar
Baeza
Ubeda
la Carolina
Ciudad-Réal
Almagro
Valdepeñas
Almodovar
SÉVILLE
Carmona
Écija
Lucena
GRENADE
Antequera
Ronda
Marbella
Malaga
Velez Malaga
Motril
Cadix
Puerto Ste Maria
Medina sidonia
San Roque
Cap Trafalgar
Algésiras
Gibraltar
DÉTROIT DE GIBRALTAR
Echelles (2,500,000)
SUD

N.º 10. ESPAGNE ET PORTUGAL,
Pour la géographie
DE M. M. ACHILLE MEISSAS,
Elève de l'Abbé Gaultier,
et A. MICHELOT,
ancien élève de l'Ecole Polytechnique,
Dressée par CHARLE, Géographe,
Attaché au Dépôt général de la guerre;
1827.
SIGNES CONVENTIONNELS.
Villes Capitales de Royaumes
Villes Capitales de Provinces
Villes Capitales de Subdivisions
Villes
Limites de Royaumes
Limites de Provinces
Limites de Subdivisions
la Topographie par Dumortier, la Lettre par Arnoul.
MER MÉDITERRANÉE
ILES BALÉARES
ILE MAJORQUE
ILE MINORQUE
FRANCE
NAVARRE
ARAGON
D'ARAGON
CATALOGNE
VALENCE
CASTILLE
CUENCA
MURCIE
Toulouse
Auch
Carcassonne
Perpignan
Foix
Pau
Tarbes
Bayonne
St Sébastien
PAMPELUNE
Estella
Tudela
Logroño
Calahorra
Soria
Saragosse
Huesca
Barbastre
Lérida
Fraga
Méquinenza
Barcelone
Tarragone
Tortose
Péniscola
Vinaroz
Teruel
Albarracin
Cuenca
Requena
Valence
Murviedro
Castellon de la Plana
Gandia
Dénia
Alcoy
Alicante
Elché
Orihuela
Murcie
Carthagène
Lorca
Vera
Almeria
Palma
Cabrera
Ivica
I. de Formentéra
EST

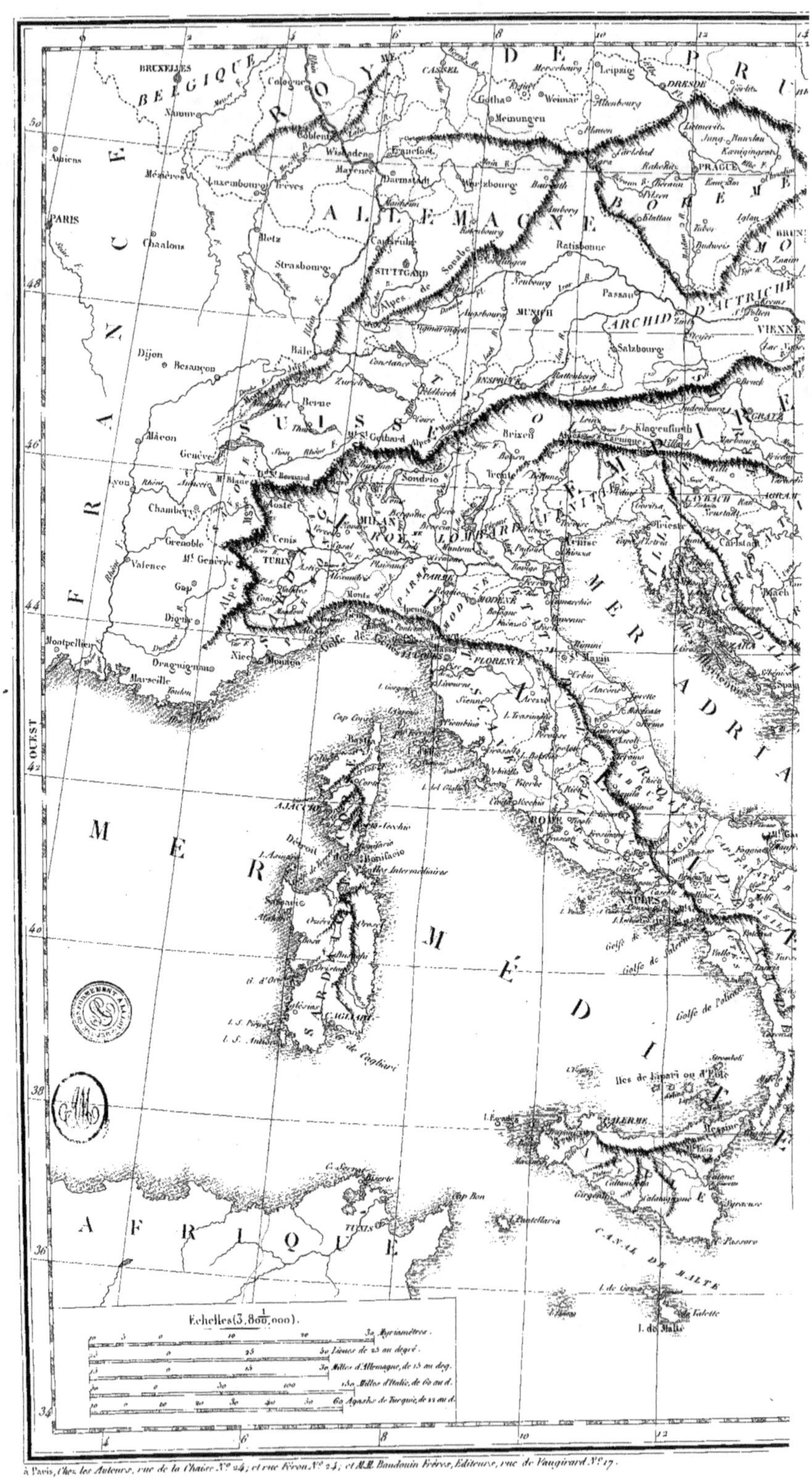


à Paris, Chez les Auteurs, rue de la Chaise N.º 24; et rue Kéron N.º 24; et MM. Baudouin Frères, Éditeurs, rue de Vaugirard N.º 17.

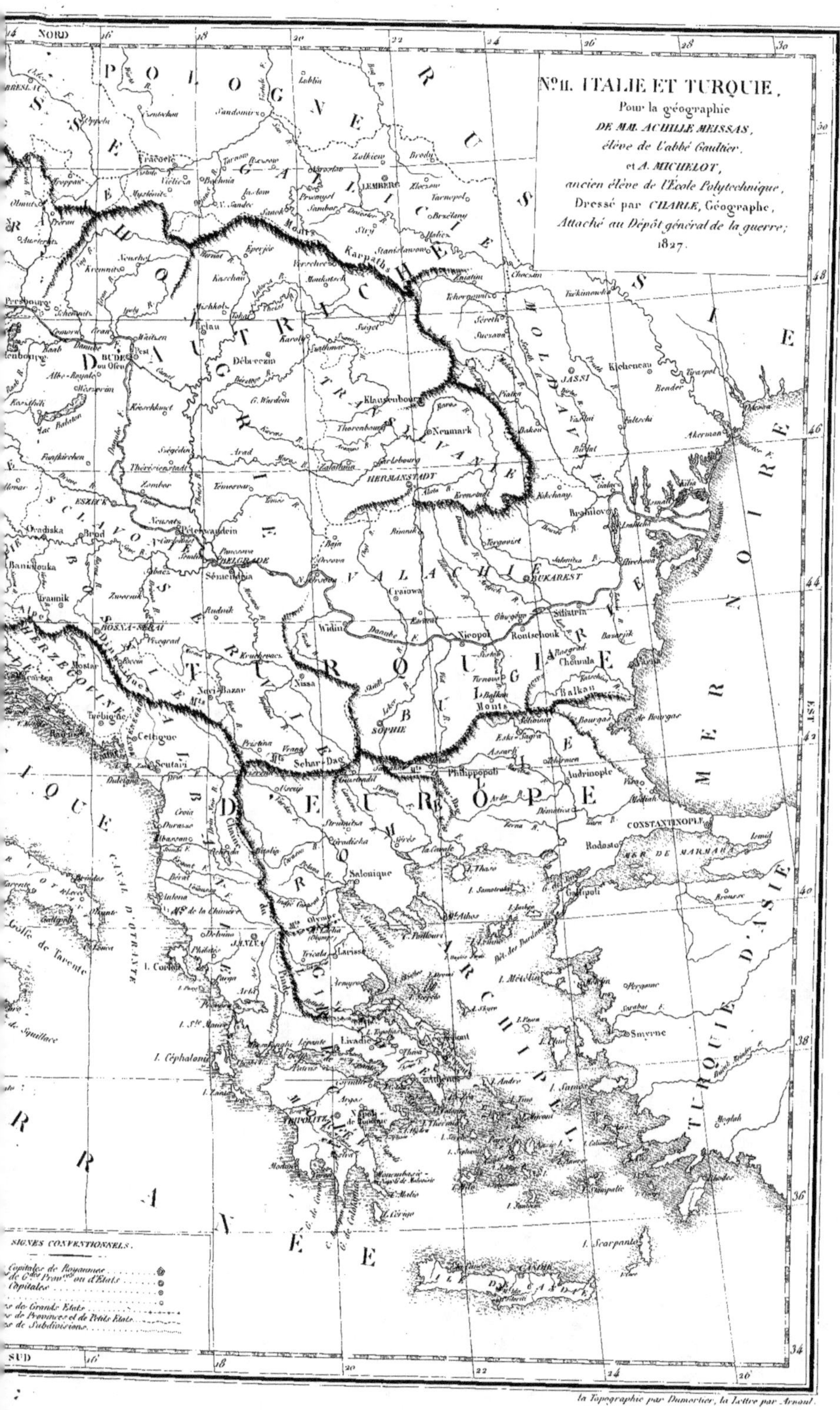
N°11. ITALIE ET TURQUIE,
Pour la géographie
DE MM. ACHILLE MEISSAS,
élève de l'abbé Gaultier,
et A. MICHELOT,
ancien élève de l'École Polytechnique,
Dressé par CHARLE, Géographe,
Attaché au Dépôt général de la guerre;
1827.
SIGNES CONVENTIONNELS.
la Topographie par Dumortier, la Lettre par Arnoul.